CB067155

OS MELHORES
CASES
DE OUVIDORIA
NO BRASIL

Organização:

Lúcia Helena de Farias e Hélio José Ferreira

Coordenação editorial:

Andréia Roma

OS MELHORES CASES DE OUVIDORIA NO BRASIL

Editora Leader

PRÊMIO de OUVIDORIAS BRASIL 2019

Copyright© 2019 by Editora Leader
Todos os direitos da primeira edição são reservados à **Editora Leader**

Diretora de projetos: Andréia Roma
Diretor executivo: Alessandro Roma
Marketing editorial: Tauane Cesar
Apoio editorial: Juliana Correia
Gerente comercial: Liliana Araujo
Atendimento: Rosângela Barbosa
Diagramação: Editora Leader
Revisão: Miriam Franco Novaes

Dados Internacionais de Catalogação na Publicação (CIP)
Bibliotecária responsável: Aline Graziele Benitez CRB-1/3129

M12 1. ed.	Os melhores cases de ouvidoria no Brasil / [Coord.]. ABRAREC. 1. ed. - São Paulo: Leader, 2019
	ISBN: 978-85-5474-058-0
	1. Administração. 2. Gestão de pessoas. 3. ABRAREC. 4. Ouvidoria. I. Título.
	CDD 658

Índices para catálogo sistemático:
1. Administração
2. Gestão de pessoas
3. Ouvidoria

2019

Editora Leader Ltda.
Rua Nuto Santana, 65, 2º andar, sala 3
02970-000 – São Paulo – SP – Brasil
Tel.: (11) 3991-6136
andreiaroma@editoraleader.com.br
www.editoraleader.com.br

A IMPORTÂNCIA DE REGISTRAR UM CASE

As ouvidorias brasileiras ainda são bastante carentes em termos de literatura especializada, principalmente quando se trata de iniciativas de sucesso. Muitas dessas iniciativas nem sempre são registradas e, mesmo quando o são, ficam na maioria das vezes restritas apenas ao âmbito interno das organizações, o que é uma pena, pois poderiam ser bastante úteis para muitas outras organizações que estejam vivenciando situações similares.

Assim, torna-se fundamental que os *cases* de sucesso das ouvidorias, até pelo fato de terem sido objetos de premiação, fiquem registrados e sejam amplamente divulgados. Isso ajudará, sem dúvida, na preservação da memória dos trabalhos realizados pelas ouvidorias, além de colocar à disposição do mercado um valioso acervo de boas práticas. Nesse contexto é que se insere o projeto do livro *Melhores cases de ouvidoria no Brasil*, o qual objetiva registrar e disponibilizar para a sociedade essa coleção de experiências bem-sucedidas.

Nossa convicção é de que estamos contribuindo de forma positiva para o fortalecimento do instituto da ouvidoria no Brasil!

Lúcia Helena de Farias

Hélio José Ferreira

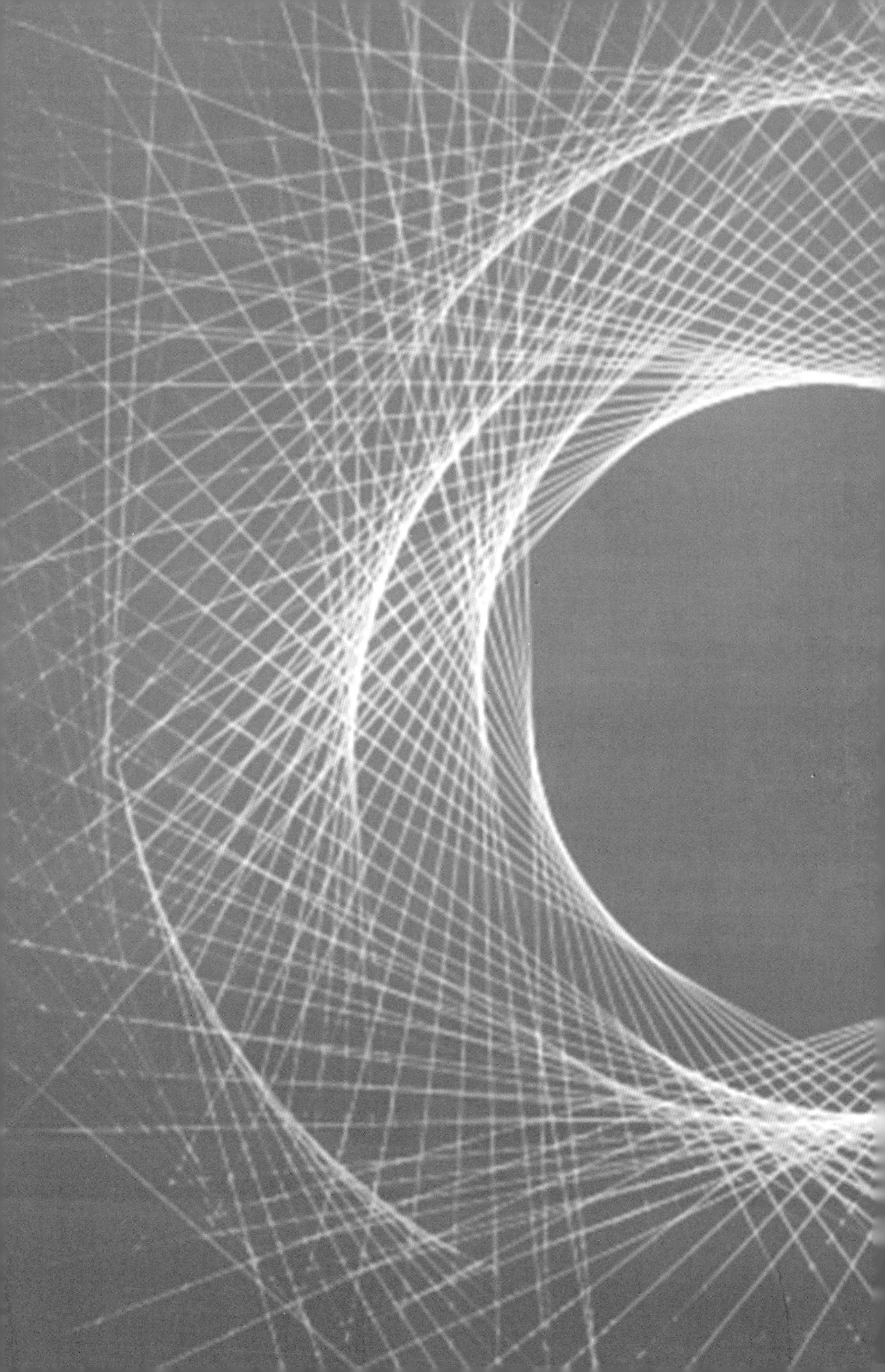

AGRADECIMENTO ABRAREC

A publicação deste livro só foi possível graças ao apoio, a colaboração e a confiança de diversas organizações e pessoas que acreditaram e ajudaram a tornar realidade a concretização deste projeto. Por isso, fazemos questão de registrar aqui os nossos agradecimentos a todos que, direta ou indiretamente, trabalharam para viabilizar esta obra que, certamente, será de grande utilidade para ouvidores e demais profissionais de áreas de relacionamento com o cidadão.

Agradecimentos especiais à sra. Andréia Roma, CEO da Editora Leader, que juntamente conosco fez o sonho se tornar realidade; à Associação Brasileira das Relações Empresa Cliente (Abrarec) pelo apoio oferecido, e também a todos os participantes do Comitê Nacional de Ouvidorias da Abrarec por terem participado da construção desta obra.

A todos, nosso muito obrigado!

Lúcia Helena de Farias   Hélio José Ferreira

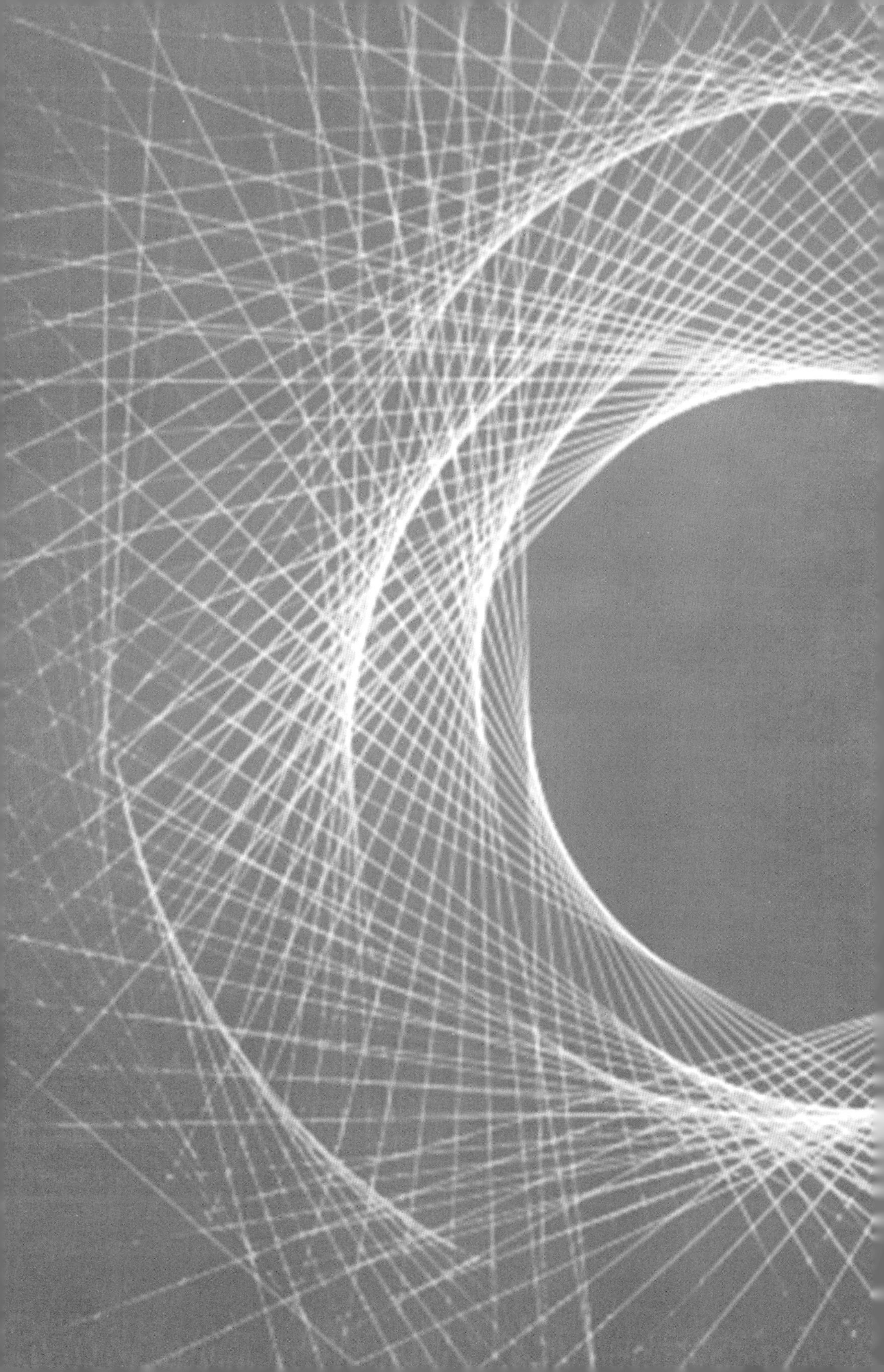

AGRADECIMENTO EDITORA LEADER

Como conseguir ser original e inovador num mercado literário tão rico como o que temos no Brasil atualmente? É uma tarefa que exige esforço, empreendedorismo, uma busca constante por temas e especialistas que possam oferecer conteúdo de qualidade e atendam às reais necessidades do público leitor.

E foi graças ao empenho de diversas pessoas, a quem agradeço neste espaço, que estamos lançando este *Melhores Cases de Ouvidoria no Brasil* com a certeza de agregar valor ao meio editorial. Com nossa experiência de mais de 17 anos, entendemos que esta obra tem como diferencial seu pioneirismo, porque inexistem publicações sobre cases de sucesso das Ouvidorias de empresas de grande porte como as registradas aqui. E esse fato ganha uma grande proporção não por ser o primeiro com esta temática, mas por oferecer aos leitores de organizações de todos os ramos de atuação uma visão completa de como a Ouvidoria pode alavancar os negócios e incrementar os resultados das empresas.

Quero agradecer a Lúcia Helena de Farias e Hélio José Ferreira, que são responsáveis pelo Comitê Nacional de Ouvidorias da Abrarec (Associação Brasileira das Relações Empresa Cliente), por sua contribuição a este projeto inédito da Editora Leader. Sua expertise foi de valor inestimável para a concretização desta obra.

Agradeço também à Abrarec, por seu apoio perante as empresas. Criada em 2003, essa entidade tem como foco o crescimento do bom relacionamento entre empresas e clientes, a capacitação profissional e certificar a excelência em relacionamento, sempre zelando pelo equilíbrio das relações e mantendo um diálogo perene na construção de um mercado saudável, eficiente e sustentável.

Meus agradecimentos especiais às 16 empresas participantes. São elas Amil, AeC, Banco do Brasil, BMG, Bradesco, Cielo, Duratex, Itaú, Mapfre, OI, Paschoalotto, Santander, São Francisco, TecBan, Unimed e Votorantim. A participação de empresas tão relevantes para a economia e o desenvolvimento do país foi essencial para a concretização de nosso projeto.

Aproveite a leitura e todos os ensinamentos que estes cases bem-sucedidos oferecem.

Andréia Roma

Coordenadora de projetos e
CEO da Editora Leader

ÍNDICE

EMPRESAS CONVIDADAS

AeC 12

Amil 24

Banco do Brasil 36

BMG 48

Bradesco 58

Cielo 72

Duratex 78

Itaú 90

MAPFRE 96

Oi 108

Paschoalotto 116

Santander 126

São Francisco 136

TecBan 146

Unimed 154

Votorantim 166

aeC
Relacionamento com Responsabilidade

AeC
Relacionamento com Responsabilidade

Há 27 anos no mercado, a AeC é uma das maiores empresas brasileiras no desenvolvimento de projetos de relacionamento com clientes e *outsourcing* de processos de negócio. Presente em sete estados do Brasil, a empresa oferece serviços de *contact center* e atende empresas de segmentos como telecomunicações, financeiro, varejo e governo. Ela também atua na área de Consultoria e Gestão, Consultoria e Gerenciamento de Projetos, Outsourcing e Desenvolvimento de sistemas sob medida, visando inovações para facilitar a vida de milhões de consumidores.

CASE DA OUVIDORIA

SINERGIA ENTRE OUVIDORIA, TECNOLOGIA E GESTÃO: RESULTADOS IMPACTAM COLABORADORES E AeC

A Ouvidoria AeC foi criada em 2010 com o objetivo de garantir a comunicação direta entre a empresa e qualquer cidadão que se relacione com a marca, assegurando que toda manifestação seja considerada uma oportunidade para a melhoria dos processos e o aprimoramento da gestão. A área consiste em um canal direto de comunicação, por meio do qual qualquer pessoa pode manifestar livremente suas opiniões, tendo a certeza de que elas serão analisadas e respondidas da forma mais rápida e coerente possível.

De acordo com a cultura organizacional da empresa, a Ouvidoria é uma área de apoio diretamente ligada ao Conselho de Administração e acionistas da AeC. Para cumprir uma função de interface tão importante, foi convidada a então corregedora do Instituto de Seguridade Social de Minas Gerais (IPSEMG), Mônica Figueiró, para desenvolver um Código de Ética para a AeC com o objetivo de garantir o alinhamento entre as ações realizadas pela empresa e seus valores. A implantação do código em todos os âmbitos da empresa teve como consequência a criação da Ouvidoria, que, entre outras atribuições, busca aproximar mais a AeC de clientes, mídia, fornecedores, governo, acionistas e comunidade.

Reflexo direto da base ética da AeC, a Ouvidoria é fundamentada nos princípios inegociáveis da empresa, com foco na confiança e na responsabilidade. Sintetizando um projeto pautado pelo relacionamento, a missão da Ouvidoria AeC consiste em: *"Integrar a voz do cliente na Organização, amparada pela legalidade, senso ético, imparcialidade, sensatez, e oferecer as adequações necessárias para o bom negócio, de forma sustentável e perene"*.

Dessa forma, a Ouvidoria busca detectar e mapear oportunidades em todos os processos da AeC, com o intuito de melhorar continuamente o clima dentro da empresa. Além de trabalhar os focos de satisfação e insatisfação internas, ela é o canal oficial de apuração de qualquer desvio de conduta e outros atos ilícitos que possam ocorrer. Com uma equipe atual de quatro pessoas, o setor recebe uma média de 1.600 manifestos mensais. A totalidade desses manifestos é lida, apurada, resolvida e respondida rapidamente.

PROCEDIMENTOS

Enquanto canal aberto de diálogo, a Ouvidoria AeC tem como missão garantir a integridade do manifestante e promover melhorias constantes em toda a empresa. Seguindo uma metodologia fundamentada no atendimento completo a demandas espontâneas e registros em regulamentos, a Ouvidoria segue um processo de quatro passos que se destrincham em diversas ações: (1) receber, atender e entender a mensagem; (2) analisar o conteúdo e encaminhá-lo ao setor competente para apuração dos fatos; (3) em até cinco dias, encaminhar um *feedback* para o reclamante a respeito do manifesto e, em seguida, realizar a gestão da demanda; e (4) apresentar ao Conselho um relatório mensal com a quantidade de manifestações, além de um comparativo em relação a outros períodos e um descritivo.

A Ouvidoria AeC está estruturada para receber manifestos por e-mail ou pelo seu sistema, disponível via internet ou intranet. Para criar um manifesto, são solicitados dados básicos como nome, e-mail e cidade. É possível realizar uma chamada de forma anônima, direito que é respeitado pelo setor durante todo o processo de acompanhamento da demanda. Aqueles que já criaram o manifesto podem segui-lo pelo site, por meio de um protocolo e uma senha.

Com função estratégica e mediadora, a Ouvidoria tem participação cativa nas reuniões periódicas de gestão da AeC, apresentando dados e relatórios utilizados como parte da estratégia para ações futuras e imediatas. Desde o ano de criação da Ouvidoria (2010) até julho de 2018, foi recebido um total de 94.439 manifestos, sendo 25% deles caracterizados como colaborativos e 75% considerados críticos (média). A representatividade da Ouvidoria mantém-se em cerca de 5%, patamar considerado adequado.

O PROBLEMA

Nos últimos três anos, o tema mais recorrente no canal de Ouvidoria está relacionado a conduta. Em 2016, do total de 11.118 manifestos críticos recebidos, 39% foram relacionados a conduta; 28% das reclamações foram dirigidas a supervisores. Em 2017, dos 11.724 manifestos críticos recebidos via Ouvidoria, 39% foram relacionados a aspectos de conduta, sendo 27% dirigidos a supervisores. Em 2018, dos 5.943 manifestos recebidos no período de janeiro a junho, 34% se referem a conduta, dos quais 23% dirigidos a supervisores.

Tendo em vista o desafio de reduzir o número de manifestos críticos relacionados à conduta dos profissionais – em especial dos supervisores – e a melhoria do clima na relação entre líder e liderado, a Ouvidoria da AeC passou a ser protagonista em um novo cenário de gestão, planejado de forma inovadora para a empresa. O organograma da AeC foi redesenhado, de modo que profissionais organizados em um time de Gestão de Grupos passaram a atuar de forma mais efetiva em relação aos indicadores da Ouvidoria.

Esse time de profissionais foi estruturado a partir de uma nova forma e metodologia de fazer gestão dentro da AeC. Atualmente, todas as decisões tomadas passam por áreas estratégicas para validação (Treinamento, Qualidade, Planejamento, Gestão de Pessoas, Operações e Gestão de Gente têm a mesma força de decisão). Assim, a empresa possui um "grande conselho" para padronizar as atividades de gestão, aprofundar os detalhes necessários e traçar estratégias de ação a partir do levantamento de dados.

Todas as informações consideradas pelo time de Gestão de Grupos estão disponíveis na ferramenta Robbyson, plataforma de análise de desempenho, treinamento, reconhecimento e clima, de onde é extraído o cenário da organização, com a visão de resultados e performance por grupo de profissionais. O Robbyson, produto autoral e de propriedade do Grupo AeC, é uma ferramenta de *people management* que gerencia, engaja e reconhece pessoas.

A gestão de pessoas configura-se como um dos mais importantes pilares e desafios para o sucesso dos negócios na atualidade e, cada vez mais, no futuro. A união de múltiplos recursos tecnológicos resulta em uma plataforma inteligente, intuitiva, amigável, de fácil manutenção e evolução. A sua utilização permite a criação de funcionalidades tais como algoritmos inteligentes, rotinas de ciência de dados para notificações aos usuários, sistema de dicas, customização de avatar, central de trocas com recomendações, personalização das informações do usuário e uma central de ajuda.

O programa é baseado em um personagem de mesmo nome que é o centro de toda a plataforma. Ele aparece dando dicas, informando situações de performance dos usuários e participando de campanhas. Além disso, o usuário pode editar o seu perfil e personalizar sua aparência. Ao fazer o *login* no sistema, o operador é questionado sobre seu humor, um indicador importante para a gestão de pessoas. O Robbyson foi desenvolvido para que o usuário manifeste seu sentimento no dia a dia. Os tipos de humor disponíveis são três itens "de série": (1) "Top demais", (2) "Tô de boa", e (3) "Tô pra baixo". Se, no período de sete dias, o usuário selecionar o humor "Tô pra baixo" por três ou mais vezes, o sistema faz uma nova pergunta automática, para saber se ele quer compartilhar o motivo ou não, que pode ser: família, saúde, relacionamento, trabalho ou outro. As informações são repassadas para o gestor atuar pontualmente.

Para oferecer ao usuário uma plataforma amigável, simples, fácil de usar e divertida, o Robbyson traz um conceito de gestão que faz analogia da performance no trabalho a uma Pipa: quanto mais alta e mais expandida, melhor o seu desempenho e resultado. Para os gestores da empresa, o sistema oferece a Sua Árvore, um recurso de gestão que representa visualmente a hierarquia da organização: a árvore representa a sua equipe; o gestor é o tronco principal; ligados ao gestor estão outros troncos e galhos, que representam a cadeia hierárquica abaixo dele até chegar aos colaboradores da ponta da operação, que são as folhas.

Além dos dados apurados por meio do Robbyson, os profissionais de Gestão de Grupos analisam ainda o histórico dos colaboradores reclamados na Ouvidoria e informações de outros sistemas internos da AeC. A mudança no organograma também representou uma mudança de estrutura física. Atualmente, existem times de Gestão de Grupos espalhados nos sites da AeC atuando como guardiões das boas práticas de gestão. O time tem por objetivo manter rotinas de desenvolvimento e garantir a performance a partir do diagnóstico levantado com as ferramentas de controle e gestão.

Juntamente com a equipe de Ouvidoria, os times de Gestão de Grupos passaram a analisar os indicadores do setor e a natureza dos manifestos ligados à conduta das lideranças, estruturando quais medidas tomar. A partir dos manifestos, da avaliação de sintomas, análise de dados do Robbyson e de reuniões com gestores, foi elaborado um trabalho com o objetivo de atuar de forma ativa e preventiva, reduzindo os acionamentos críticos. Os casos de manifestações passaram a ser analisados, portanto, por um comitê amplo, responsável pelo acompanhamento das ocorrências críticas. Quando necessário, outras áreas da AeC são acionadas, por exemplo, o Jurídico. Quando há casos de reincidência, o manifesto é encaminhado ao Comitê de Conduta ou mesmo ao Comitê de Ética da AeC.

SOLUÇÃO PROPOSTA

Considerando todos os casos de manifestos relacionados a conduta, sua evolução ao longo dos meses, o direcionamento das reclamações aos supervisores e a necessidade de atuação com as lideranças da AeC, a solução para reduzir as incidências se baseou em dois pilares: (1) atuar de forma conjunta e horizontalmente (considerando o novo organograma da AeC) nos casos existentes e (2) trabalhar de forma preventiva para evitar novas ocorrências. Essas duas ações são integradas.

O trabalho preventivo é feito com base na avaliação dos indicadores de manifestos de conduta, que são classificados por motivos de reclamação. O trabalho das notificações é mais corretivo, sendo avaliada a oportunidade específica do profissional notificado. Nos casos de notificação dos supervisores, a Ouvidoria, o time de Gestão de Grupos, Gestão de Pessoas, Operações e demais lideranças envolvidas trabalham em parceria para solucionar a questão e sensibilizar os reclamados para reduzir ocorrências e reincidências.

Após a análise do manifesto na Ouvidoria, uma notificação é gerada quando há indícios de desvio na conduta profissional. A notificação é encaminhada às lideranças responsáveis e, depois disso, emitida como oportunidade para avaliação da situação e melhoramento da gestão. Em processos muito críticos, a Ouvidoria analisa se cabe o pedido de rescisão do profissional, caso ele seja reincidente ou conforme a gravidade do desvio apurado.

Em relação às ações preventivas, o time de Gestão de Grupos também utiliza os instrumentos que a AeC dispõe para gestão, tal como a avaliação de humor das Operações. A partir dos resultados do grupo, é possível introduzir temáticas específicas na reunião de Bate Papo com as equipes e entender as necessidades em busca de uma solução.

Resultados

Para apresentar os números que representam o impacto positivo do trabalho da Ouvidoria com o time de Gestão de Grupos, foram considerados os sites de Arapiraca (AL), Campina Grande (PB) e Mossoró (RN), que reúnem 39% do número de profissionais da AeC. A redução do volume de manifestos, a partir da atuação ativa da Ouvidoria e Gestão de Grupos, reflete outras melhorias observadas com a intervenção. As mais significativas são:

- Em Arapiraca, houve redução em 70% no *turnover* das lideranças, o que gerou maior segurança para condução do trabalho;
- Em Campina Grande, houve redução em 25% do absenteís-

mo, o que demonstrou maior responsabilidade e cuidado com o trabalho;

- Em Mossoró, constatou-se a evolução no indicador de humor da operação em 30%, o que demonstrou o maior bem-estar profissional nas resoluções diárias de problemas.

Na prática, as equipes de Ouvidoria e Gestão de Grupos, sempre atentas à humanização das ações, atuaram para:

- Promover o desenvolvimento de gestores com o objetivo de gerar comprometimento, resgatar o espírito de liderança e reduzir desligamentos (uma vez que a alta rotatividade gera maior custo operacional);

- Reduzir o absenteísmo a partir da análise de dados: o sistema Robbyson possui ferramentas de predição que fazem o apontamento de profissionais mais propensos ao absenteísmo;

- Aumentar a receita a partir da maior produtividade dos profissionais. As notificações de humor da operação indicam a maior satisfação dos colaboradores, o que está associado ao maior rendimento no trabalho.

AÇÕES CONTINUADAS

De forma contínua, as equipes de Ouvidoria e Gestão de Grupos atuam com foco no desenvolvimento de líderes e liderados, com o objetivo de evitar o desligamento prematuro de profissionais, contribuir para a maior satisfação com o trabalho e também cooperar para a evolução contínua dos indicadores de negócio em todos os sites da empresa. Os gestores da AeC são categorizados por grupos e a performance de cada um deles é avaliada, considerando suas especificidades na operação e competências.

Em relação ao absenteísmo observado na AeC, a Ouvidoria e o time de Gestão de Grupos continuam utilizando as ferramentas de predição: os dados gerados pelo Robbyson e demais sistemas internos da empresa apontam tendências e norteiam as ações dos supervisores diante de possíveis ausências de colaboradores. Por meio de rotinas de conferência e diálogo, os supervisores são instruídos a entrevistar presencialmente todo seu grupo de liderados, para estreitamento de laços e fortalecimento das ações, conhecendo a história pessoal de cada membro e considerando-a naturalmente no dia a dia.

A nova estrutura desenhada para a AeC e a atuação da equipe de Gestão de Grupos de forma horizontal permitem que a empresa tenha um ambiente mais propício à gestão do conhecimento, com maior padronização das atividades e decisões. Além disso, o novo cenário facilita que a Ouvidoria possa garantir o exercício da cidadania dentro da AeC, atuando como mediadora de conflitos.

Dessa forma, trabalhando de forma ativa e preventiva, os profissionais da Ouvidoria e Gestão de Grupos da AeC acreditam que é possível melhorar a cada dia processos internos, performance e resultados, sempre pautados nas relações de confiança, transparência e evolução. A AeC é uma empresa que cresce de forma sustentável, tendo como pilares a valorização dos recursos humanos e o diálogo. A empresa deposita seu sucesso no respeito a seus Princípios Inegociáveis, Código de Conduta, ferramentas de monitoramento e gestão, e na ação responsável de cada um de seus profissionais, que têm canal aberto para manifestar livremente suas opiniões, insatisfações e aspirações. Os impactos destas ações contribuem para melhorias do clima interno na empresa, tendo como consequência maior produtividade e satisfação de colaboradores, clientes e cidadãos.

OUVIDORA

MÔNICA FIGUEIRÓ

Atua como Ouvidora da AeC desde 2010, ano em que a Ouvidoria da empresa foi criada. A profissional possui 30 anos de atuação na esfera pública nos cargos de corregedora do Instituto de Seguridade Social de Minas Gerais (IPSEMG) e como presidente da Comissão de Ética do Estado de Minas Gerais. Formada em Direito pela faculdade Milton Campos, possui especialização pela Fundação Dom Cabral em Direito Previdenciário. Na AeC desenvolveu um Código de Ética para garantir o alinhamento entre as ações realizadas na empresa e seus valores institucionais.

aec
Relacionamento com
Responsabilidade

amil

AMIL
Assistência Médica Internacional

Operadora de planos de assistência médica e odontológica em atividade no Brasil desde 1978, a Amil oferece aos seus beneficiários acesso a serviços de saúde de alta qualidade em uma extensa rede credenciada em todo o país, por meio de produtos que atendem a todos os perfis de cliente.

Missão: Ajudar as pessoas a viver de forma mais saudável.

Produtos: A Amil disponibiliza planos médicos e odontológicos diversificados. Confira:

- Planos médicos com abrangência nacional ou regional, oferecendo a opção de coparticipação e de reembolso.

- Criado com os conceitos de simplicidade, eficiência e cuidado, o Amil Fácil oferece planos regionais com excelente custo-benefício.

- Líder no segmento premium, a Amil One alia conveniência e exclusividade para entregar a melhor experiência em saúde e bem-estar.

- A Amil Dental conta com uma ampla rede de dentistas, com acesso rápido e fácil, além de contratação totalmente online.

CASE DA OUVIDORIA

RESPEITO A DIVERSIDADE

SUMÁRIO EXECUTIVO

Identidade de gênero se refere ao gênero com que a pessoa se identifica (isto é, se ela se identifica como sendo um homem, uma mulher), independentemente daquele que lhe foi atribuído no momento de seu nascimento.

Muitas pessoas desejam ter seu nome social, aquele pelo qual preferem ser chamadas cotidianamente e que melhor reflete sua identidade de gênero, registrado nos seus documentos de identidade oficiais. O registro do nome social é uma importante ferramenta para evitar o constrangimento de pessoas transgêneros, mas também uma forma de realização do direito de personalidade desse grupo.

O cliente da Amil buscou a nossa Ouvidoria para incluir seu nome social na carteirinha de identificação, após ter seu pedido negado pela central de atendimento e não poder ter sua real identidade para a identificação perante a sociedade.

Por estarmos sempre em busca da melhor experiência do cliente, a Ouvidoria precipitou através desta demanda encontros internos (com os setores Jurídico, de Operações, Marketing, Gestão de Rede Credenciada e Própria) sobre o case e impactos do cliente, e então desenvolvemos um plano de integração e acolhimento deste processo envolvendo todas as Áreas de Negócios da Empresa.

Com base em seus valores (Integridade, Compaixão, Relacionamentos, Inovação e Performance), a Operadora Amil abraçou a diversidade, atendeu a cliente de forma resolutiva e transformou a demanda em mudança de processo da empresa.

CENÁRIO

amil

| 6 milhões Beneficiários | 361.763 Empresas-clientes | 1.795 Hospitais Credenciados | 20.311 Consultórios e clínicas Credenciadas | 6.173 Laboratórios credenciados |

Operadora de planos de assistência médica e odontológica em atividade no Brasil desde 1978, a Amil oferece aos seus beneficiários acesso a serviços de saúde de alta qualidade em uma extensa rede credenciada em todo o país, por meio de produtos que atendem a todos os perfis de clientes e vivendo intensamente nossa missão: ajudar as pessoas a viver de forma mais saudável e contribuir para que o sistema de saúde funcione melhor para todos.

Muito embora não haja mandamento legislativo em relação ao cadastro do nome social na iniciativa privada, a organização, se antecipando à demanda e com base e seus princípios, decidiu instituir uma rotina para inserção do nome social a partir da solicitação da Ouvidoria.

Diversidade e inclusão estão inseridas nos valores da Amil - Integridade, Compaixão, Relacionamentos, Inovação e Performance - e são necessárias para cumprir nossa missão de ajudar as pessoas a viverem vidas mais saudáveis e a tornarem o sistema de saúde melhor para todos.

Desde janeiro de 2018 a Amil conta com uma área de diversidade e inclusão que contempla ações para acolher os nossos colaboradores e clientes.

PROBLEMA

Relato da beneficiária à Ouvidoria:

"Fui já desrespeitada e humilhada em diversos atendimentos médicos por ser uma pessoa transexual, voltei a ser profundamente desrespeitada das primeiras vezes que recorri ao atendimento online da Amil para resolver a questão e, no final, a resposta que vocês me dão é que não vão resolver a questão, por puro descaso com meus direitos, porque é evidente a possibilidade de resolução da parte de vocês!", declarou a cliente.

Historicamente, as pessoas que necessitam solicitar a alteração cadastral para o nome social enfrentam obstáculos e/ou empecilhos na iniciativa privada – por falta de conhecimento de como dar a devida tratativa ao assunto.

DESAFIO

Alinhar internamente a resolução deste caso com todas as áreas envolvidas (Ouvidoria, Jurídico, RH, Operações, Gestão de Rede Credenciada e Própria, Marketing e Atendimento).

Estabelecer com Operações um novo modelo de carteirinha do plano de saúde em que constem os dois nomes: o de registro e o nome social – evitando que o cliente passe por outros tipos de constrangimento, como uma negativa de atendimento, visto que o nome é diferente do RG.

Capacitar a equipe interna e externa para entender mais sobre o tema e tratar o assunto com naturalidade e respeito.

SOLUÇÃO

Para solucionar satisfatoriamente a demanda para a cliente, a Ouvidoria precisou analisar os atendimentos realizados com a beneficiária através do "Fale Conosco" e entender a dificuldade das outras áreas em atender à solicitação. Após isso, ao verificar internamente que não há barreiras regulatórias ou sistêmicas que efetivamente impeçam a inclusão do nome social, a Ouvidoria entrou em contato com o setor de Operações para que realizasse a produção das carteirinhas do plano, para emissão com o nome social informado pela cliente.

A beneficiária foi informada da solução proposta pela Ouvidoria por telefone, recebeu a nova carteirinha no endereço informado, e ficou extremamente satisfeita com a solução. Está ciente de que a abrangência desta implantação não será de imediato finalizada, pois estamos sendo pioneiros na saúde em uma mudança social. Confeccionamos a carteirinha, implantamos um alerta no sistema para atendimento diferenciado e desenvolvemos um plano de integração para introdução deste processo em todos os sistemas tecnológicos, rede credenciada e própria e colaboradores.

> "Depois de muito solicitar consegui obter a minha real identidade!
> Agradeço a Amil pelo respeito!"
> - Depoimento

Por estarmos sempre em busca da melhor experiência do cliente, a Ouvidoria precipitou através desta demanda encontros internos (com os setores Jurídico, de Operações, Marketing, Gestão de Rede Credenciada e Própria) sobre o case e impactos do cliente, e então desenvolvemos um plano de integração e acolhimento deste processo envolvendo todas as Áreas de Negócios da Empresa, que será concluído em 2019.

METODOLOGIA – MODELO DE FORMULÁRIO PARA INCLUSÃO DO NOME SOCIAL

A seguir, o formulário criado para apoiar o novo processo de solicitação do cartão de identificação do beneficiário com o nome social. Este é o primeiro passo para informar à operadora o desejo de ser identificado pelo nome condizente à sua identificação de gênero.

REQUERIMENTO DE INCLUSÃO DE NOME SOCIAL

Eu, _____(nome civil), inscrito no Cadastro de Pessoas Físicas sob o nº _____, beneficiário de plano de saúde, cujo número de matrícula é _____, solicito que meu nome corresponda a minha identidade de gênero, no cadastro junto à operadora de planos de saúde, nos respectivos sistemas que já contemplem a possibilidade de alteração, seja alterado para:

Nome social, _____.

Declaro ter conhecimento de que a inclusão do nome social não significa a exclusão do nome de registro civil. Eventual substituição apenas poderá ocorrer com a alteração formal do nome no Registo Civil no cartório.

_____, ___/___/_____
Local e data

_____
Assinatura

FLUXO DO PROCESSO OPERACIONAL PARA SOLICITAÇÃO DE CARTÃO DE IDENTIFICAÇÃO

Objetivo: possibilitar que o beneficiário tenha o cartão de identificação da operadora com nome social.

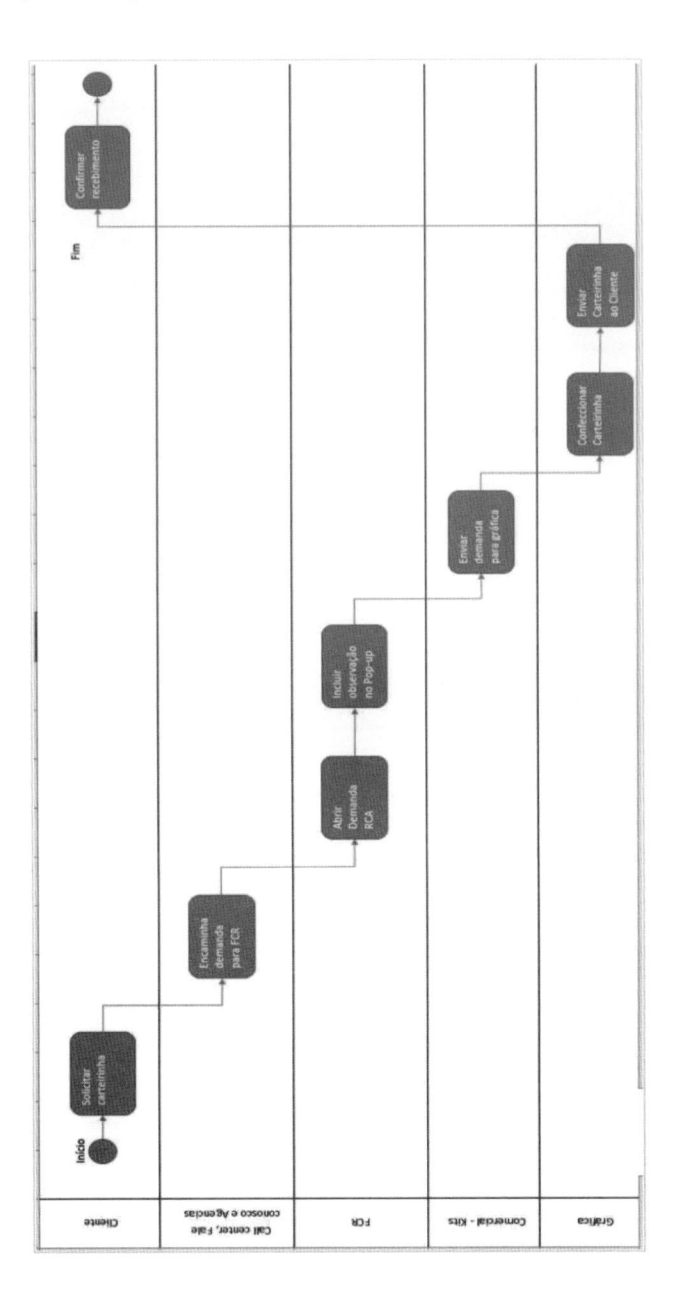

METODOLOGIA – ALTERAÇÃO DA CARTEIRINHA

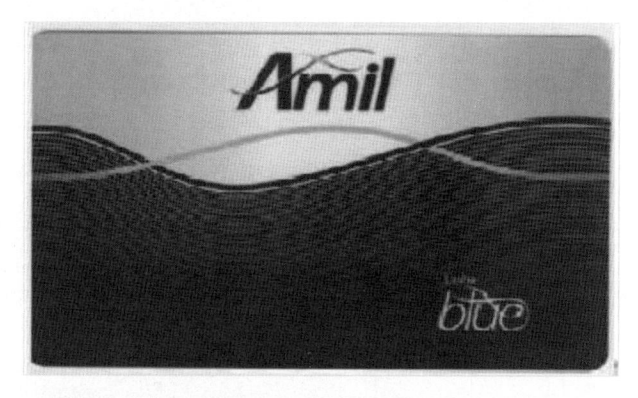

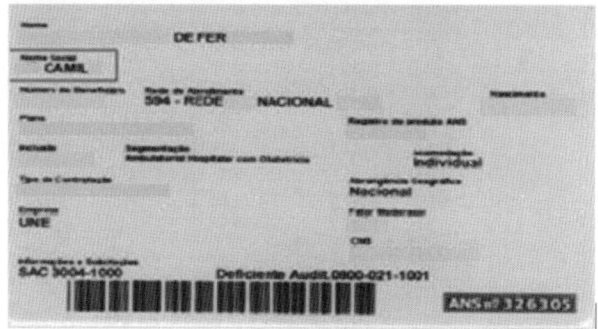

Modelo da Carteirinha disponibilizada para a beneficiária

Criamos uma tela-mensagem para quando a beneficiária fizer contato com a nossa Operadora. Nessa ocasião iremos chamá-la pelo nome social e pronome referente a sua identidade de gênero.

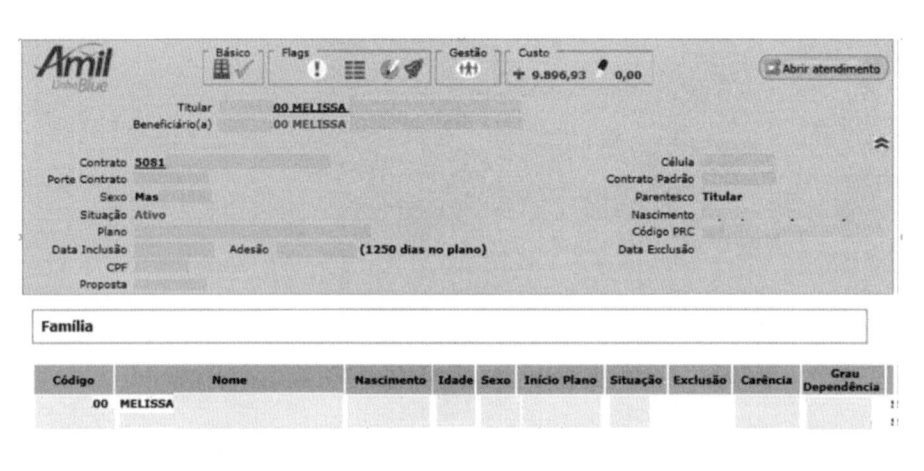

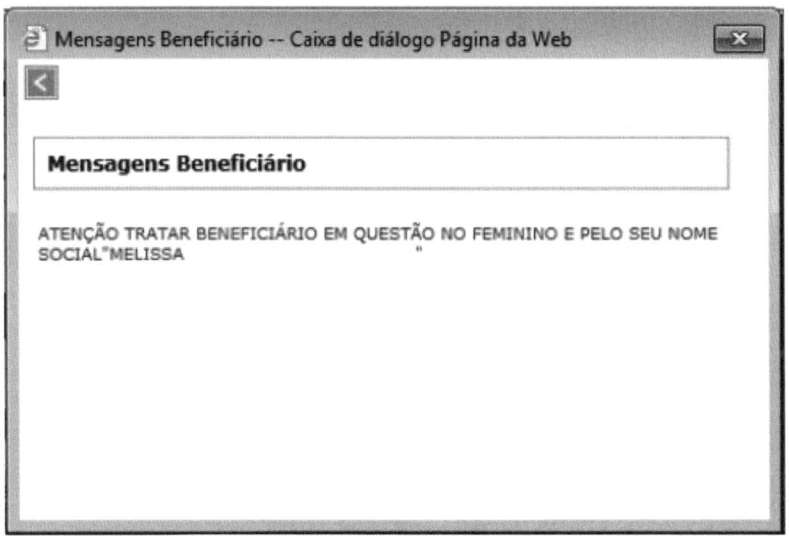

Mensagens Beneficiário

ATENÇÃO TRATAR BENEFICIÁRIO EM QUESTÃO NO FEMININO E PELO SEU NOME SOCIAL "MELISSA"

Todas as macroatividades para implantação com prazo para finalização em 2019:

Tecnologia — Sistemas Internos da Operadora
- Melhorias SisAmil
- Melhorias SisAgenda
- Melhorias SisMed
- Melhorias URA
- Melhorias Workflow
- Melhorias SisHosp
- Melhorias Tasy

Processos
- Levantamento de processos internos e externos
- Alteração de documentos
- Fluxo de atendimento contingencial
- Desenho do processo
- Implantação do processo
- Avaliação do processo

Pessoas
- Treinamento aos colaboradores do CallCenter
- Treinamento aos colaboradores dos hospitais próprios
- Treinamentos aos credenciados e parceiros
- Subgrupo para criação do Treinamento Comportamental

Liderada pela Ouvidoria, a empresa não apenas resolveu a demanda, mas transformou a voz do cliente em ferramenta para mudança no processo operacional de atendimento às pessoas transgênero.

OUVIDORA

ANDREA FORTES

Andrea Fortes – Ombudsman – AMIL UHG.
Médica com Mestrado e Doutorado – UFRJ; MBA Executivo – COPPEAD, com 20 anos de experiência no Mercado de Saúde Suplementar. Executiva com competência em Gestão Empresarial e de Saúde com habilidade em estabelecer relacionamentos a diferentes públicos. Foco na satisfação do cliente e atingimento de resultados. Capacidade de negociações complexas e implementação de ações imediatas.

Canais de Atendimento
Telefone: 3004-1094 (Capitais e Regiões Metropolitanas) ou 0800 721 1094 (demais cidades), de 2ª a 6ª feira, das 8:00 às 20:00 horas.
Site: https://www.amil.com.br/institucional/#/formulario-ouvidoria
Correspondência: Av. das Américas, nº 4.200, Bl. 03 – Barra da Tijuca – Rio de Janeiro – RJ – CEP: 22640-907 – Enviar aos cuidados da Ouvidoria.

BANCO DO BRASIL S.A.

Fundado em 12 de outubro de 1808, o BB foi o 1º banco a operar no país e, em mais de 210 anos de existência, colecionou inovações.

A marca "Banco do Brasil" é uma das mais conhecidas e valorizadas pelos brasileiros, que reconhecem na Instituição atributos como solidez, confiança e inovação. O Banco do Brasil é uma companhia lucrativa alinhada a valores sociais.

Está presente em 99,6% dos municípios brasileiros e em mais 16 países, possuindo 4.732 agências.

O BB investe na capacitação dos 96.889 funcionários, preparando-os para atender de forma ágil e com qualidade os mais de 67 milhões de clientes.

CASE DA OUVIDORIA

DENÚNCIAS DE COMENTÁRIOS NA AGÊNCIA DE NOTÍCIAS BANCO DO BRASIL S/A DIRETORIA GESTÃO DE PESSOAS – DIPES

Ouvidoria Interna

SUMÁRIO EXECUTIVO

A Ouvidoria Interna do Banco do Brasil é o canal de comunicação direta dos funcionários da ativa (no País e no exterior), estagiários, aprendizes e trabalhadores de empresas contratadas com o Banco do Brasil – BB, cerca de 102.000 colaboradores. No 1º semestre de 2018, recebeu e solucionou 1.859 demandas.

Sua atuação é fundamental na gestão da ética corporativa, pois acolhe, analisa e soluciona:

- conflitos no ambiente de trabalho por meio do diálogo e da mediação;

- denúncias sobre desvios comportamentais e descumprimento de normas internas;

- reclamações referente aos processos de Gestão de Pessoas;

- elogios; e

- sugestões.

Por meio do diálogo, a Ouvidoria Interna contribui para humanizar as relações; valorizar a ética no trabalho; atuar na prevenção e solução de conflitos; além de fazer recomendações com vistas ao aprimoramento das políticas, processos e práticas de gestão de pessoas.

A promoção de formas de diálogo e difusão de novos modelos mentais de comunicação na empresa, tais como Comunicação não Violenta – CNV – e Práticas Restaurativas, são ações que visam aproximar as áreas e as pessoas, criando mais empatia entre os funcionários. Nesse sentido, dentre as medidas implementadas recentemente, destaca-se o incentivo para a comunicação mais informal e acessível.

Uma das últimas inovações, objeto deste *case*, foi a criação de ferramenta de denúncia na intranet, para que colaboradores possam denunciar comentários inadequados registrados por funcionários na AGN (veículo corporativo de comunicação interna).

Em 2017, num contexto em que os funcionários foram incentivados a ler e comentar as matérias veiculadas na AGN – Intranet BB –, surgiu a necessidade de implementar solução para os casos de comentários inadequados, identificados como incompatíveis com o Código de Ética, ou ofensivos aos demais colaboradores. Dessa forma, em setembro do referido ano, foi implementada a ferramenta de denúncia de comentários, inserida em cada matéria e disponível a todos os funcionários, permitindo a denúncia de forma simples e rápida.

PROBLEMA

O Banco do Brasil divulga, diariamente, inúmeras matérias na sua AGN (intranet) no intuito de dar conhecimento dos assuntos mais relevantes ao seu corpo funcional.

Nos últimos 12 meses, foram publicadas em média 15 matérias/dia, totalizando 3.803 nesse período. A quantidade de acessos a cada matéria variou entre um e 49.356 usuários. Já a média de visualizações de todas as matérias por dia é de 51.956. Esse total de matérias gerou 158.201 comentários, o que representa média de 635 comentários/dia.

A estratégia do Banco do Brasil engloba a universalização do acesso às matérias divulgadas na AGN, assim como a liberação integral dos comentários. Portanto, o desejo do Banco é de que todos leiam e comentem as matérias disponibilizadas no ambiente interno (intranet), sem intervenção (bloqueio/suspensão) de moderadores, com total liberdade de expressão.

Todavia, como ocorre em vários ambientes com características de liberdade (democráticos), nem todos os comentários emitidos são considerados adequados. Observa-se em diversos comentários a manifesta ofensa a outro(s) funcionário(s), o que pode ocasionar insatisfação e conflitos entre colegas. Além desse aspecto, identificou-se a existência de comentários que remetem a possíveis situações de ilícito/irregularidade.

DESAFIO

O maior desafio é continuar disponibilizando opção de comentários irrestritamente a todos os funcionários do BB, como forma de estimular o diálogo e a participação de todos, sem que haja transgressão ao Código de Ética e Normas de Conduta do Banco, tais como agressões verbais ou comentários discriminatórios e preconceituosos.

Outra consideração é a busca incessante da melhoria na satisfação dos funcionários com relação à atuação da Ouvidoria Interna, o que envolve a valorização da gestão participativa e respeito a pontos de vista diferentes.

SOLUÇÃO

Partindo-se do pressuposto de que a Empresa precisa se posicionar diante de comportamentos inadequados dos colaboradores, sem, entretanto, inibir ou limitar a expressão de ideias, foi criada a ferramenta de "denúncia de comentários na AGN", para a Ouvidoria Interna, disponível na intranet.

Os objetivos são orientar os colaboradores sobre padrões de comportamentos esperados pelo BB, permitir o rápido acionamento da Ouvidoria Interna e, ao mesmo tempo, tornar o próprio colaborador um observador das condutas do corpo funcional.

Atualmente o funcionário possui acesso irrestrito às matérias publicadas, podendo se expressar livremente por meio de comentários na AGN.

Cabe ressaltar que, antes de postar o comentário, obrigatoriamente, o colaborador concorda com os termos do Código de Ética e Normas de Conduta do BB. Não é possível registrar comentários sem concordância com a norma.

METODOLOGIA UTILIZADA

O funcionário aciona a Ouvidoria Interna por meio da ferramenta, sinalizando qual é o comentário considerado inadequado, e inclui suas considerações no campo que se abre assim que clica no ícone de "denúncia". Todos os comentários denunciados são acolhidos, registrados no sistema de Ouvidoria Interna e conduzidos pelas áreas responsáveis.

Dessa forma, o colaborador pode esclarecer sua demanda, apontando, inclusive, o normativo ou o item do Código de Ética e das Normas de Conduta que avalia terem sido desrespeitados.

As denúncias, em sua maioria, versam sobre conflitos interpessoais ou tratam de indícios de irregularidades. Cabe destacar que as matérias que envolvem temas relacionados ao comportamento são as que geram mais discussão no ambiente da AGN e, por conseguinte, maior número de denúncias à Ouvidoria Interna.

Tal constatação é relevante, pois é justamente o comportamento humano, as relações no trabalho e a forma de comunicação que compõem o escopo de atuação desta Gerência.

As demandas acolhidas são tratadas, respectivamente, por meio de *feedback* ou encaminhadas para as áreas detentoras da alçada para apuração e julgamento sob o aspecto disciplinar.

As soluções para os comentários denunciados, conforme seu teor e sua gravidade, podem ser as seguintes:

I. Condutas relativas a conflitos interpessoais ou descumprimento/inobservância ao Código de Ética/Normas de Conduta – tratamento ético por meio de *feedback* ao funcionário denunciado, fornecido pelo superior imediato, pela gerência regional de pessoas ou pela própria Ouvidoria Interna;

II. Indícios de irregularidade – tratamento disciplinar.

Num primeiro momento, o foco da atuação da Ouvidoria Interna é possibilitar a reflexão do demandado sobre seu comportamento e, consequentemente, sobre seu reposicionamento. A Ouvidoria Interna prima pelas medidas educativas, pautadas pelas premissas da justiça restaurativa e da comunicação não violenta.

Nos casos considerados mais graves, além da ação de viés educativo, a Empresa tem a possibilidade de adotar as medidas administrativas pertinentes. Nesses casos, a reincidência é considerada um agravante, e o tratamento segue uma gradação quanto à aplicação das soluções administrativas, por meio da ética, e disciplinares.

Cabe reiterar que a ferramenta permite, ainda, que o controle seja feito pelos próprios usuários, isto é, os comentários são feitos livremente, sem moderações prévias, filtros ou censura, possuindo o colaborador um instrumento regulador do comportamento na Organização.

Ao identificar um comentário ofensivo, uma expressão discriminatória ou qualquer tipo de manifestação desrespeitosa, o funcionário atua ativamente na condução daquele fato, com apenas um "clique". Não há necessidade de sair do ambiente de notícias ou utilizar outro canal de comunicação para apresentar sua demanda. Essa facilidade representa um ganho para ambos: colaborador e Empresa.

RESULTADOS

A ferramenta de denúncia de comentário diretamente na AGN foi implementada no dia 01.09.2017, tendo sido verificado o comportamento nos trimestres que se seguiram. Nos últimos nove meses, foram emitidos 119.145 comentários nas matérias divulgadas, conforme quadro demonstrativo abaixo:

Período	QTD Comentários	Variação
4T_17	33.205	100%
1T_18	37.541	113%
2T_18	48.399	129%

Além do incremento na quantidade de comentários, também houve acréscimo na quantidade de acessos às matérias:

Período	QTD Acessos	Variação
4T_17	2.788.616	100%
1T_18	3.381.978	121%
2T_18	3.598.746	106%

Nesse mesmo período, foram denunciados 368 comentários por meio da ferramenta disponível na AGN.

Observa-se que, no decorrer do período, a quantidade de denúncias foi elevando-se de forma considerável, o que corrobora o objetivo de tornar o canal de Ouvidoria Interna acessível aos seus usuários. Além disso, reafirma a ideia de autorregulação da AGN por parte do corpo funcional. Os números estão descritos a seguir:

	Mês	Qtd Comentários	Qtd Denunciados	%
2017	Setembro	11.747	5	0,04%
	Outubro	11.730	17	0,14%
	Novembro	11.492	4	0,03%
	Dezembro	9.983	20	0,20%
2018	Janeiro	13.813	46	0,33%
	Fevereiro	9.883	20	0,20%
	Março	13.845	32	0,23%
	Abril	11.013	13	0,12%
	Maio	15.655	63	0,40%
	Junho	21.731	148	0,68%

A ferramenta de denúncia na AGN gerou números significativos para o trabalho da Ouvidoria Interna. Dentro do universo de demandas atendidas pela área, identifica-se que as denúncias encaminhadas via ferramenta da AGN superaram as demais modalidades de denúncias recebidas. No 1º semestre de 2018 é possível identificar a utilidade e viabilidade do recurso disponibilizado:

	1º/2018
Comentário AGN	322
Irregularidade	207
Eco	164
Conversa Restaurativa	70
Mediação Restaurativa	53
Irregularidade S/Demandado	46
Feedback Estruturado	18
Demais	47
TOTAL	**927**

Considerando os números apresentados, concluímos que a implementação da funcionalidade de denúncia na plataforma da AGN trouxe resultados bastante positivos e serviu, de forma complementar, às orientações e normas do BB, como caráter pedagógico na emissão de comentários.

São perceptíveis, em toda a Corporação, os ganhos tangíveis e intangíveis, visto que no fluxo da ferramenta são reafirmados os valores do Banco:

- Citação do Código de Ética e Normas de Conduta no canal de AGN;

- Divulgação e disponibilização da Ouvidoria Interna como canal sempre presente;

- Estímulo do corpo funcional como agente de mudanças.

O corpo funcional tornou-se, portanto, agente regulador de condutas e um participante ativo no alinhamento das formas de comunicação, tendo como referência o Código de Ética e Normas de Conduta, disseminando e fortalecendo valores como respeito, tolerância, empatia e cuidado.

Como desdobramento dos ganhos pela implementação da ferramenta, percebeu-se uma mudança na postura dos colaboradores e consequente mudança na cultura do Banco.

OUVIDOR

CARLOS ALTEMIR SCHMITT

É graduado em Direito e Ciências Contábeis, com pós-graduação em Direito, Administração, Educação e mestrado em Engenharia de Produção pela Universidade Federal de Santa Catarina (UFSC). É educador corporativo desde 1997 e atuou durante 3,5 anos na função de gerente geral da área de Pessoas do Estado de Santa Catarina.

Banco BMG

BANCO BMG

O BMG é umas das maiores e mais importantes instituições financeiras do Brasil e se destaca por ser especialista no que cada cliente precisa com sua força de vendas, excelência operacional, tecnologia e adaptação aos principais movimentos de mercado.

Trabalhamos para ser o melhor banco, construindo uma relação ética e respeitosa com nossos clientes, funcionários e todo o mercado, conquistando a confiança e a fidelidade desses públicos. Isso nos faz ser um banco diferente de todos os outros. Trabalhamos para inovar e estar sempre um passo à frente daquilo que nosso cliente precisa.

CASE DA OUVIDORIA

OUVIR, ENTENDER E FAZER DE TUDO PARA RESOLVER!

SUMÁRIO

Desde sua fundação até hoje, há mais de 88 anos, o Banco BMG sempre valorizou a construção de relacionamentos transparentes e duradouros. Fazer do cliente parceiro: esta é a missão da Instituição. E, para cumpri-la, só há uma forma: investir diariamente na excelência do atendimento, dos processos, e dos produtos e serviços.

Os resultados da Ouvidoria do BMG são um reflexo direto da qualidade do atendimento. Quanto mais respeitosa for a relação com o cliente, e mais ágil e eficiente a busca de soluções, menores serão os conflitos. E o fruto colhido de tanta dedicação foi a reversão do Ranking de Reclamações do Banco Central.

Este desafio inspirou boa parte das inovações em atendimento implantadas pelo Banco nos últimos anos. Novos canais de contatos foram criados, sobretudo no meio digital. A presença física foi ampliada, por meio das lojas Help!, correspondentes BMG e nas Redes Sociais, garantindo celeridade nas respostas e qualidade de conteúdo, e o investimento constante na capacitação dos funcionários, formando uma equipe de especialistas a serviço dos clientes. Em paralelo a estes esforços, a Ouvidoria vem a cada dia consolidando seu espaço no Banco BMG, com uma estrutura independente, ética e imparcial. Esta autonomia não visa apenas atender às determinações legais e normatizações vigentes, mas possibilita a atuação dos membros da equipe como legítimos representantes dos consumidores dentro da Instituição.

CENÁRIO

Com uma longa história pautada pelo pioneirismo, o BMG possui uma sólida expertise acerca de todos os aspectos que permeiam a sua operação e, por conta disso, desfruta de uma série de vantagens competitivas que o destaca dentro de seu mercado de atuação.

Ao longo da sua história, o Banco se destacou dentro do setor financeiro brasileiro em virtude da sua força de vendas e da sua excelência operacional, criando uma marca conhecida em todo o território nacional por sua tradição, tecnologia e capacidade de se antecipar aos principais movimentos de mercado, e é pautado pelos seguintes preceitos:

MISSÃO

- Fazer do cliente um nosso parceiro e, através de um relacionamento sólido, buscar soluções ágeis, competentes e personalizadas.

PRINCÍPIOS

- Excelência no atendimento ao cliente;
- Agir com honestidade e ética, e manter a boa imagem da empresa;
- Maximizar o lucro, assegurando o crescimento e a responsabilidade social da empresa;
- Administrar com visão empresarial de longo prazo;
- Ter uma postura crítica em relação à empresa, visando seu aprimoramento;
- Valorizar os funcionários.

VALORES/VISÃO

- Qualidade, Agilidade e Simplicidade;

    Fazer tudo com excelência e agilidade, mantendo a operação e a estrutura funcionais.

- Transparência e Respeito;

    Valorizar franqueza e correção nas relações.

- *Teamwork* e Responsabilidade;

    Cumprir com responsabilidade, pensando no objetivo maior: o sucesso da empresa.

- Alta Performance;

    Trabalhar para alcançar grandes resultados.

PRODUTOS E SERVIÇOS

A satisfação do cliente é a principal razão para buscar excelência na implementação de produtos e serviços. Queremos oferecer, no momento certo, produtos e serviços adequados para cada cliente.

- **BMGCARD**

    Cartão de crédito consignado número 1 do Brasil.

- **BMG MAIS**

    Cartão de crédito pessoal em que o valor do pagamento mínimo é descontado na conta corrente.

- **CRÉDITO NA CONTA**

    Crédito pessoal para beneficiários do INSS e servidores públicos (estaduais, municipais e federais), que tenham como objetivo a contratação de crédito pessoal em condições comerciais exclusivas. Sem consulta (SPC/Serasa) e de forma rápida e fácil.

- **BMG MULTI**

    Cartão múltiplo que possui, em um único plástico, as funções crédito e débito.

- **MEU BMG**

    É a conta digital do Banco BMG. Com ela, é possível realizar movimentações financeiras e investimentos sem pagar nada.

- **SEGURO PRESTAMISTA BMGCARD**

    Com Seguro Prestamista BMGCard, além de ter proteção financeira, o cliente concorre a sorteios mensais.

- **BMG INVEST DIGITAL**

    Plataforma digital que oferece as melhores oportunidades de investimento do mercado. Por meio dessa plataforma, o cliente poderá aproveitar as melhores opções de aplicações em Renda Fixa sem precisar sair de casa, tudo feito em seu computador. E o melhor: sem incidência de tarifas ou taxas.

PROBLEMA

Clientes do Sistema Financeiro Nacional podem registrar reclamações ou denúncias contra instituições supervisionadas pelo Banco Central através do sistema RDR - Registro de Demandas do Cidadão. Este é um sistema constituído e implementado pelo Banco Central e destina-se ao registro dos contatos e das providências adotadas com relação às denúncias, reclamações e pedidos de informação apresentados pela sociedade e por usuários de produtos e serviços das instituições financeiras.

O Banco Central divulga o Ranking de Reclamações recebidas pelo RDR, com o objetivo de contribuir para a transparência das ações do Órgão Regulador, trazendo ao conhecimento da sociedade o perfil das reclamações que foram processadas, analisadas e encerradas em cada período de referência.

Adicionalmente, o Ranking permite à sociedade, em particular aos clientes e aos usuários de serviços bancários, identificar com mais clareza a natureza das reclamações registradas em desfavor de cada instituição financeira, de forma a facilitar a escolha da instituição que melhor atende às suas necessidades.

A posição dos bancos no Ranking reflete de forma positiva ou negativa a imagem das Instituições Financeiras (IF) perante o mercado e seus clientes. No Ranking, as IFs que possuem o maior índice de reclamações estão nas primeiras posições da lista e, consequentemente, possuem o pior desempenho em relação às demais.

No ano de 2016, houve um crescimento considerável do volume total de demandas registradas por clientes (RDRs) no Banco Central do Brasil, bem como da classificação dessas demandas como "procedentes" pelo referido Órgão Regulador.

A posição do BMG nas primeiras colocações do Ranking do Banco Central refletiu de forma negativa, ocasionando prejuízo à imagem da Instituição.

Posição	Instituição Financeira	Índice [1]	Reclamações reguladas procedentes [2]	Clientes [3]
1º	BMG (conglomerado)	71,85	158	2.198.874
2º	CAIXA ECONÔMICA FEDERAL (conglomerado)	10,73	842	78.423.356
3º	ITAU (conglomerado)	7,99	480	60.019.134
4º	BRADESCO (conglomerado)	7,65	591	77.211.904
5º	SANTANDER (conglomerado)	5,57	188	33.712.000

Fonte: https://www3.bcb.gov.br/ranking/?wicket:interface=:28:1

SOLUÇÃO

Acompanhando as mudanças no mercado de atuação e o crescimento da carteira de produtos, o objetivo do Banco BMG sempre foi qualificar e dinamizar o relacionamento entre a Instituição e o cliente, com foco na redução dos números de reclamações.

A questão basilar para deixar de encabeçar o ranking de instituições por índice de reclamações foi a consolidação da imagem institucional (credibilidade, segurança, transparência, diligência e competência), mitigando riscos operacionais e reforçando o relacionamento duradouro com o público, investindo na Gestão de Atendimento aos Clientes visando prestar o melhor serviço sempre, alinhamento com as áreas de Backoffice com foco no levantamento de subsídios assertivos da jornada do cliente.

A Ouvidoria do Banco BMG é o canal responsável pelo atendimento das RDRs, atuante na defesa dos direitos e interesses de seus clientes, recebendo, avaliando e acompanhando as reclamações, trabalhando com independência e imparcialidade no tratamento das demandas e perquirição de resultados favoráveis à imagem da Instituição.

Identificado o problema e a necessidade imediata de reversão dos ofensores, foram criados vários Planos de Ação, em conjunto com as demais áreas da Instituição. Os referidos Planos tiveram como base foco na convergência de interesses (Banco, clientes e usuários), estabelecendo um norte para a definição de procedimentos e rotinas interdependentes e coesas no relacionamento com clientes e o órgão regulador.

Através de um processo *end-to-end*, controla e oferece benefícios em cada fase da tratativa, buscando a solidez e sustentabilidade de ponta a ponta, com processos racionais e abrangentes, implicando o levantamento exaustivo dos diversos procedimentos de trabalho.

RESULTADOS

Ao longo do primeiro semestre de 2016 foi possível observar uma trajetória de queda das variáveis: número de procedências/volume total de demandas.

As referidas melhorias tiveram consequências diretas na colocação do *ranking*. À época, o BMG assumiu a 11ª posição, ou seja, deixou de "encabeçar o *ranking*" de bancos mais reclamados.

Ranking de Bancos e Financeiras

2018 1º Trim 2º Trim 3º Trim 4º Trim 2019

Posição	Instituição Financeira	Índice [1]	Reclamações reguladas procedentes [2]	Clientes [3]
1º	AGIPLAN (conglomerado)	143,57	100	696.523
2º	PARANÁ BANCO (conglomerado)	133,75	68	508.390
3º	BRB (conglomerado)	130,16	111	852.744
4º	PAN (conglomerado)	88,28	274	3.103.578
5º	SAFRA (conglomerado)	78,42	118	1.504.563
6º	INTERMEDIUM (conglomerado)	45,26	39	861.544
7º	BNP PARIBAS (conglomerado)	40,98	122	2.976.817
8º	BANCO CBSS S.A.	37,66	35	929.319
9º	REALIZE CRÉDITO, FINANCIAMENTO E INVESTIMENTO S.A.	36,98	30	811.066
10º	PORTO SEGURO (conglomerado)	36,84	53	1.438.338
11º	BMG (conglomerado)	30,42	112	3.680.899
12º	BANESTES (conglomerado)	17,82	22	1.233.897
13º	MERCANTIL DO BRASIL (conglomerado)	9,52	25	2.625.460

Fonte: https://www3.bcb.gov.br/ranking/?wicket:interface=:43:1

O trabalho realizado pela Ouvidoria do BMG foi amplamente divulgado em matérias nos principais veículos de comunicação, referente à evolução do Banco BMG no atendimento aos clientes e redução na volumetria de reclamações procedentes perante o Banco Central do Brasil.

Toda essa evolução representa a satisfação dos clientes com o atendimento prestado e maior assertividade nos atendimentos e respostas encaminhadas, reflexo do trabalho permanente no ajuste de processos e procedimentos, primando pela excelência das atividades e com o foco na confiabilidade no relacionamento com os clientes e órgãos reguladores.

BMG. ESPECIALISTA NO QUE VOCÊ PRECISA!!

OUVIDORA

LILIAN DA CONCEIÇÃO DE OLIVEIRA BOMBINHO

Graduada em Administração pela UNIBH (Centro Universitário de Belo Horizonte), pós-graduada em Administração e Negócios pelo IBMEC e membro da Subcomissão de Ouvidoria, Qualidade e Experiência do Cliente da ABBC, como coordenadora adjunta. Há 16 anos atua no atendimento ao cliente e desde 2007 está como Ouvidora do Banco BMG, onde responde aos canais de Ouvidoria, Banco Central, PROCONs, Órgãos Conveniados e Ofícios. Seu principal propósito é proporcionar uma experiência diferenciada aos clientes atuando sempre na raiz dos problemas. Seu lema: **Ouvir, entender e fazer de tudo para resolver!**

BANCO BRADESCO

O Banco Bradesco foi fundado em 1943 com a missão de contribuir com o desenvolvimento sustentável do país a partir da oferta de produtos e serviços financeiros diversificados e acessíveis. Está presente em todos os municípios do território nacional por meio de Agências, Postos de Atendimento e Correspondentes Bancários, amparados por Canais Digitais com tecnologias que atendem as necessidades dos clientes e usuários. Atualmente, o Bradesco é considerado um dos principais conglomerados financeiros do país e um dos maiores bancos da América Latina.

CASE DA OUVIDORIA

O DESAFIO NA IMPLEMENTAÇÃO DA POLÍTICA DE RELACIONAMENTO COM CLIENTES E USUÁRIOS

BRADESCO CULTURA ORGANIZACIONAL

"O cliente é a vida e razão de ser do Bradesco."

Amador Aguiar

A Resolução nº 4.539 do Conselho Monetário Nacional, publicada em novembro de 2016, aborda os princípios a serem adotados para um bom e sadio relacionamento com clientes e usuários. A partir de sua publicação identificamos que ela exigia que as Instituições Financeiras declarassem qual a sua Política de Relacionamento com os Clientes e Usuários.

Mas o que de fato representava a Resolução nº 4.539 em uma empresa do tamanho do Bradesco? Não é possível avançarmos em todas as etapas adotadas para o cumprimento da norma sem antes falarmos desta Organização que faz parte da vida do povo brasileiro. É importante discorrer sobre a história do Banco para concluirmos que os princípios da Resolução nº 4.539 fazem parte de seu DNA e estão declarados em documentos no Museu Histórico Bradesco, alocado na Cidade de Deus, matriz do Banco, em Osasco (SP).

O manuscrito do fundador do Bradesco, Sr. Amador Aguiar, publicado em 1968, revela o compromisso com a qualidade, com a melhoria contínua, e com o respeito ao cidadão.

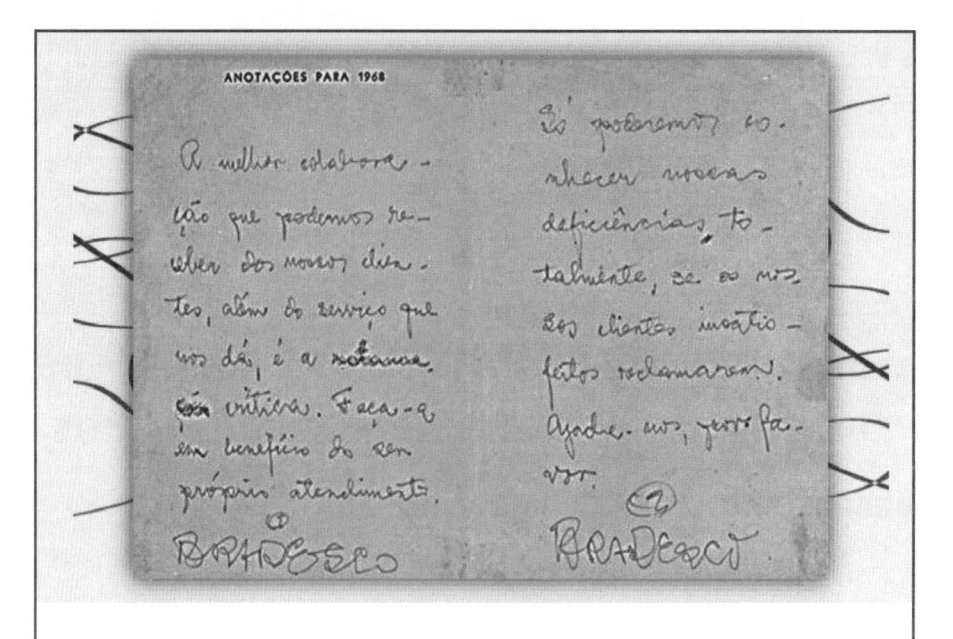

Transcrição: "A melhor colaboração que podemos receber dos nossos clientes, além do serviço que nos dá, é a ~~reclamação~~ crítica.
Faça-a em benefício do seu próprio atendimento. Só poderemos conhecer nossas deficiências, totalmente, se os nossos clientes insatisfeitos reclamarem. Ajude-nos, por favor".

Uma anotação singela, capaz de transparecer valores que permeiam e direcionam a formação de uma cultura organizacional desde a sua fundação, em 1943. Nada mais transparente do que se colocar no lugar do cliente, de reconhecê-lo enquanto um amigo, um colaborador, a sua razão de ser.

A HISTÓRIA DO BRADESCO E A RESOLUÇÃO Nº 4.539/16
POLÍTICA DE RELACIONAMENTO COM OS CLIENTES E USUÁRIOS

A busca por excelência através do relacionamento é um dos princípios do Bradesco desde a sua criação, pois almejamos que nossos clientes se sintam, sempre, satisfeitos.

Por isso, investimos em tecnologia, inovação, infraestrutura e capital humano, justamente com o objetivo de alcançarmos o máximo de excelência e que esta seja perceptível aos clientes.

Nesta linha, após o manuscrito do nosso fundador, Sr. Amador Aguiar, a elaboração de uma carta de intenções divulgada na década de 70 revela o quão profunda é a relação da Organização com clientes e usuários e sua ligação à Resolução nº 4.539:

> **Banco Brasileiro de Descontos, S.A.**
> Matriz: - CIDADE DE DEUS - São Paulo
>
> Não existirá Banco sem clientes;
>
> — O cliente será, pois, por essa razão, a principal finalidade do nosso trabalho;
>
> — O cliente não é um estranho; é um amigo e poderá ser um colaborador. Atendê-lo bem será nossa constante preocupação e obrigação;
>
> — O cliente é um sêr humano de sentimentos iguais aos nossos: devemos tratá-lo como gostaríamos de ser tratados;
>
> — O cliente terá o direito de reclamar e o Banco não discutirá suas reivindicações, atendendo-as se fôr possível;
>
> — O cliente é o elemento fundamental que ajuda a fazer a grandeza do Banco, que lhe proporciona os resultados, dos quais recebemos os nossos vencimentos para saldarmos os nossos compromissos;
>
> O CLIENTE É A VIDA E A RAZÃO DE SER DO BANCO:
>
> CONSEGUI-LO   PROTEGÊ-LO
> CONSERVA-LO   E   DEFENDÊ-LO
>
> é trabalhar pela nossa própria subsistência, segurança e prosperidade.

Não há nada mais ético em uma relação do que a empatia. Colocar o cliente no centro, atendendo às suas expectativas, de acordo com o seu perfil e sua intenção, e sempre visando o melhor para todos. Estes são princípios que fazem parte da história do Bradesco.

Posteriormente, em 1985, cinco anos antes da promulgação do Código de Defesa do Consumidor, foi criado o Alô Bradesco como expressão máxima do respeito à livre manifestação do cliente e instituindo-se como o primeiro canal de reclamações, aberto e democrático, do setor financeiro.

Ressaltamos, ainda, a criação da Ouvidoria no Bradesco no ano de 2005, dois anos antes da sua obrigatoriedade prevista na Resolução 3.477 do Conselho Monetário Nacional, e que hoje é direcionada pela figura de um diretor e ouvidor com dedicação exclusiva e ligada diretamente à Presidência da Instituição, fatos que ressaltam a autonomia, isenção e independência na atuação da Ouvidoria.

A CONSTRUÇÃO DA POLÍTICA DE RELACIONAMENTO

"Sem confiança como fundamento,
não há relação cliente-empresa que possa ser duradoura."

Norma Institucional de Relacionamento com Clientes e Usuários Bradesco

Feitas todas essas considerações, precisávamos colocar a mão na massa, estruturar a Política de Relacionamento e traçar uma estratégia. O sucesso desta empreitada residia no planejamento e recairia na disposição e engajamento de todos os envolvidos.

O primeiro passo era escrever a Política de Relacionamento para orientação de todos os funcionários do Bradesco. Este texto que irradiaria para toda a Instituição também tinha como propósito traduzir a forte cultura Organizacional.

Desta forma, o regulamento interno "Norma Institucional de Relacionamento com Clientes e Usuários" foi escrito pela Ouvidoria e Departamento de Compliance, Conduta e Ética (DCCE), amplamente discutido e publicado em 10.11.2017 para toda a Organização. Nela estavam declarados princípios como o reconhecimento do "cliente como razão da existência da Organização" e a consideração de que, "sem confiança como fundamento, não havia relação entre o cliente e a Organização que pudesse ser duradoura". Este ensinamento deixava de ser um manuscrito de nosso fundador e passava a ser norma interna.

O PROTAGONISMO DA OUVIDORIA
DEFINIÇÃO DO MODELO DE MONITORAMENTO

> "A Ouvidoria tem a capacidade de transformar as contribuições dos Clientes em combustível para melhorias."
>
> Nairo Vidal – Diretor e Ouvidor do Conglomerado Bradesco

Desde o início se mostrou preponderante o papel da Ouvidoria na construção da Política de Relacionamento com os Clientes. Cabia à Ouvidoria, agora, dentro do seu âmbito, a implementação dessa Política, a construção de seus indicadores e a governança.

Dessa forma, a Ouvidoria utilizou ferramentas de Business Intelligence – BI para construir 630 relatórios com envio automático e mensal a todos os gestores. Estes relatórios tinham como objetivo apoiar o monitoramento da Política de Relacionamento e demonstrar a toda Organização a necessidade de direcionar um olhar mais atento para o assunto. Este envolvimento não se referia apenas aos números, mas tinha como fundamento a própria divulgação dos princípios da norma e o que ela representava no cenário Bradesco.

A Política de Relacionamento com Clientes transcendia a Resolução, e, por sua vez, também abrangia aspectos negociais, operacionais e de governança. Em outras palavras, o relacionamento com o cliente não envolvia apenas a comercialização de produtos e serviços, envolvia toda a jornada do cliente.

A Ouvidoria, sendo a detentora da gestão de todas as reclamações e conhecedora das dores de cada cliente e usuário, rapidamente se deu conta de que o vasto conhecimento e métodos de trabalho para atingimento do ciclo contínuo de melhoria baseado nas causas-raiz mereciam uma observação sob a ótica da Resolução 4.539. Nesta linha, se concluiu que toda e qualquer reclamação, por si só, feria a Política de Relacionamento com os Clientes e, consequentemente, a Resolução nº 4.539.

Foi com esta perspectiva que nasceu a forma inovadora de monitoramento da Política de Relacionamento a partir das reclamações. Os gestores internos não seriam monitorados somente pelo volume de reclamações, como também pelo impacto da reclamação na jornada do cliente, pois não era apenas a redução do volume que fazia sentido, mas a aderência à Política de Relacionamento e às jornadas do cliente.

Em outras palavras, se pudéssemos definir o relacionamento do cliente, poderíamos dizer que ele se relaciona com o Banco por meio de Produtos, realizando negócios, consumindo e mantendo continuidade do seu relacionamento com a Instituição; ou por meio de Serviços, que compreendem o relacionamento no dia a dia, com base na conveniência, tecnologia de alta performance, para viabilizar a sua vida financeira e suas obrigações.

Com este conceito, a Ouvidoria construiu duas jornadas com que o cliente obrigatoriamente exercitava o seu relacionamento com o Banco para monitorar a aderência à Política de Relacionamento: a Jornada de Comercialização de Produtos e a de Prestação de Serviços.

O desafio residia, também, na definição das fases dentro dessas jornadas, o que possibilitaria uma visão mais estratificada de qual momento a falha ou a baixa aderência mais se evidenciava. Desta forma, criamos, para cada jornada, cinco fases: Jornada de Comercialização de Produtos - Prospecção, Oferta, Contratação, Manutenção e Cancelamento; Jornada de Prestação de Serviços - Atendimento e Solicitação, Informação, Processamento, Efetivação e Comprovação. Estas representavam os passos que tanto o cliente quanto o Banco dariam juntos.

Feitas essas conceituações e para melhor entendimento, definimos as fases das Jornadas de Comercialização de Produtos e de Prestação de Serviços e sua exemplificação da seguinte forma:

JORNADA DE COMERCIALIZAÇÃO DE PRODUTOS

Prospecção: Prévia análise feita pelo departamento para identificar e compreender o público alvo e perfil do cliente e assim atender as necessidades deste grupo.
Ex: Quando o produto não se enquadra ao perfil do cliente devido ao momento da vida ou suas necessidades (renda, grau de endividamento, etc).

Oferta: É o ato realizado pelo Banco para comercializar/ofertar um determinado produto de forma passiva ou ativa.
Ex: Informações incorretas no momento da venda. É importante informar todas as características do produto, com o bônus e o ônus atrelado a ele.

Contratação: Momento que efetiva a negociação do produto/serviço com a contratação de fato, seja física ou digital.
Ex: Assinatura de contrato de operação de crédito, ou uso de senha e biometria nas máquinas de autoatendimento.

Manutenção: Após a contratação, é a fase do processo que identifica problemas vinculados ao produto durante o seu ciclo de vida.
Ex: Contestação de compras com o Cartão de Crédito

Cancelamento: Momento em que se encerra o vínculo entre o cliente ou o produto de maneira bilateral...
Ex: Cancelamento de Seguro não atendido.

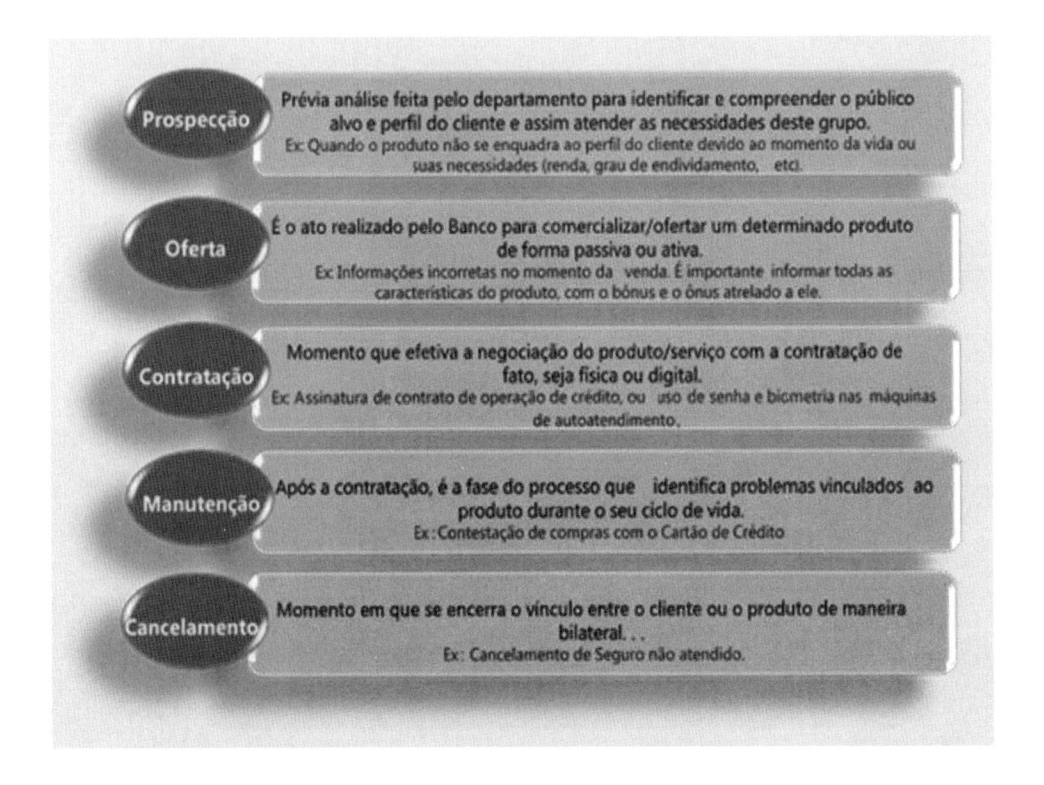

JORNADA DE PRESTAÇÃO DE SERVIÇOS

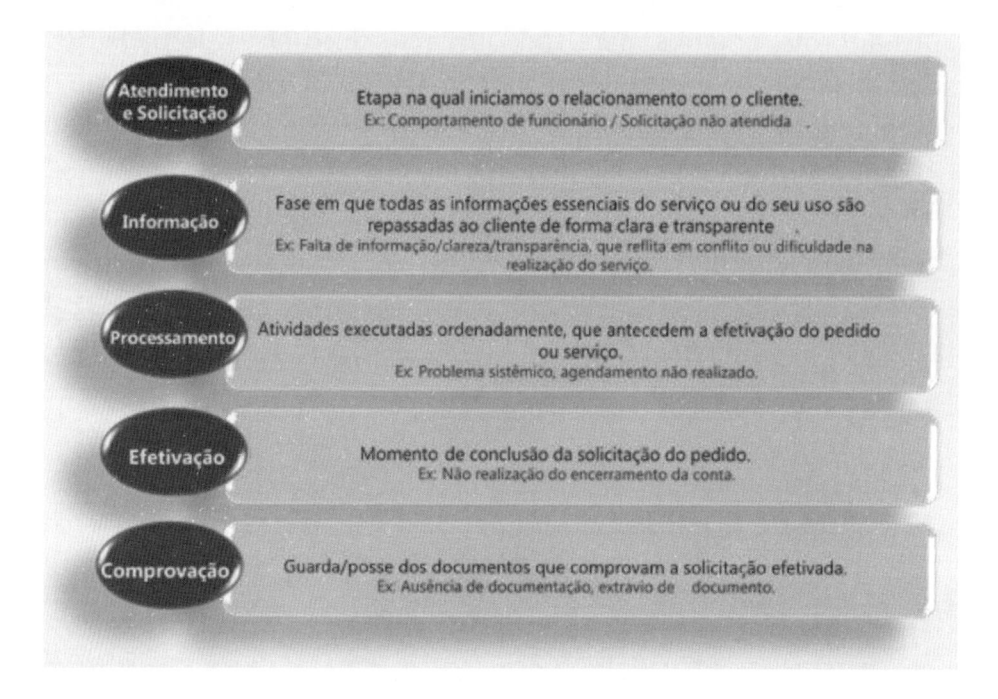

Atendimento e Solicitação — Etapa na qual iniciamos o relacionamento com o cliente.
Ex: Comportamento de funcionário / Solicitação não atendida.

Informação — Fase em que todas as informações essenciais do serviço ou do seu uso são repassadas ao cliente de forma clara e transparente
Ex: Falta de informação/clareza/transparência, que reflita em conflito ou dificuldade na realização do serviço.

Processamento — Atividades executadas ordenadamente, que antecedem a efetivação do pedido ou serviço.
Ex: Problema sistêmico, agendamento não realizado.

Efetivação — Momento de conclusão da solicitação do pedido.
Ex: Não realização do encerramento da conta.

Comprovação — Guarda/posse dos documentos que comprovam a solicitação efetivada.
Ex: Ausência de documentação, extravio de documento.

Após a classificação de toda a base de reclamações e identificação da jornada e fase do problema, um percentual quantitativo foi gerado e a aderência foi medida de acordo com a régua de tolerância às diretrizes da Política de Relacionamento:

CRITÉRIO	Aderência Alta	Aderência Média	Aderência Baixa	Ponto Crítico
	Entre 100 a 91	Entre 90 a 80	Igual ou menor que 79	Igual ou abaixo de 50

Esta forma de sinalização nos fornecia um diagnóstico preciso sobre qual etapa do relacionamento com o cliente merecia um olhar diferenciado com a construção de planos de ação específicos.

PROGRAMA 4.539 - METODOLOGIA E IDENTIDADE VISUAL

Após a medição e o cálculo do percentual, os gestores de cada um dos produtos e serviços foram convidados a pensar na fase da experiência dos clientes e usuários como um todo. A Ouvidoria, então, deu início a oito projetos.

Com as devidas avaliações, fez se necessária a criação de um Programa, instituído como o Programa 4.539 – Relacionamento com Clientes e Usuários, com a missão de analisar as jornadas sob a ótica das diretrizes da Política de Relacionamento com Clientes e Usuários, obtendo como resultado a identificação de fragilidades e proposição de soluções que atendessem as necessidades dos clientes e usuários, fortalecessem o relacionamento com a Organização e impactassem na diminuição de reclamações.

Como um dos desafios era a ampla divulgação da Política de Relacionamento, propusemos a criação de uma identidade visual que transmitisse o conceito do Programa. Escolhemos, então, o símbolo do infinito para transmitir os valores da Política de Relacionamento, almejando que o relacionamento com os nossos clientes seja duradouro e que o Bradesco seja reconhecido como o parceiro na vida dos clientes.

∞

PROGRAMA 4539
Relacionamento com Clientes

Por fim, foi através de uma proposta desafiadora que marcamos a atuação da Ouvidoria e criamos uma metodologia própria para acompanhar a experiência do cliente:

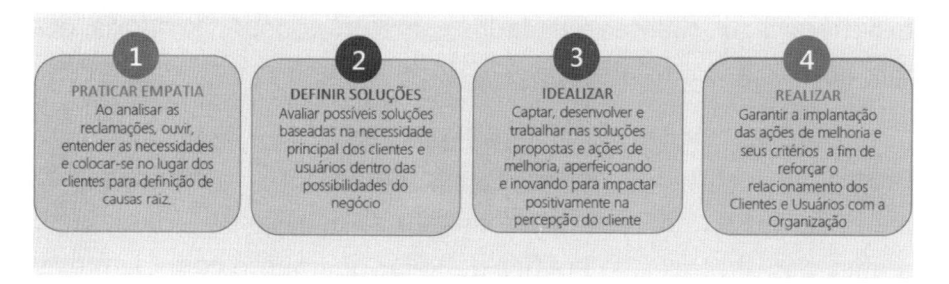

1 PRATICAR EMPATIA	2 DEFINIR SOLUÇÕES	3 IDEALIZAR	4 REALIZAR
Ao analisar as reclamações, ouvir, entender as necessidades e colocar-se no lugar dos clientes para definição de causas raiz.	Avaliar possíveis soluções baseadas na necessidade principal dos clientes e usuários dentro das possibilidades do negócio.	Captar, desenvolver e trabalhar nas soluções propostas e ações de melhoria, aperfeiçoando e inovando para impactar positivamente na percepção do cliente.	Garantir a implantação das ações de melhoria e seus critérios a fim de reforçar o relacionamento dos Clientes e Usuários com a Organização.

ESPAÇO EXCLUSIVO PARA PENSAR NO RELACIONAMENTO COM CLIENTES (LAB 4.539)

O Programa tomou grandes proporções com uma agenda intensa de encontros com os gestores de produtos e serviços. Por isso, foi criado um espaço, denominado de Lab 4.539, exclusivo para discutir e pensar a Resolução 4.539 e a Política de Relacionamento com Clientes e Usuários:

Imagens do LAB 4.539, localizado nas dependências da Ouvidoria

Identificamos, também, a necessidade de discutir os *gaps* das Jornadas com a abordagem do *design thinking*, pois, se o designer precisa de uma visão holística para atingir o mercado, a Ouvidoria é holística por natureza, já que trata de todas as reclamações de produtos e serviços.

Abaixo mostramos uma foto do trabalho de imersão em que a Ouvidoria, em conjunto com o gestor, dissecou a jornada do cliente e identificou oportunidades de melhoria:

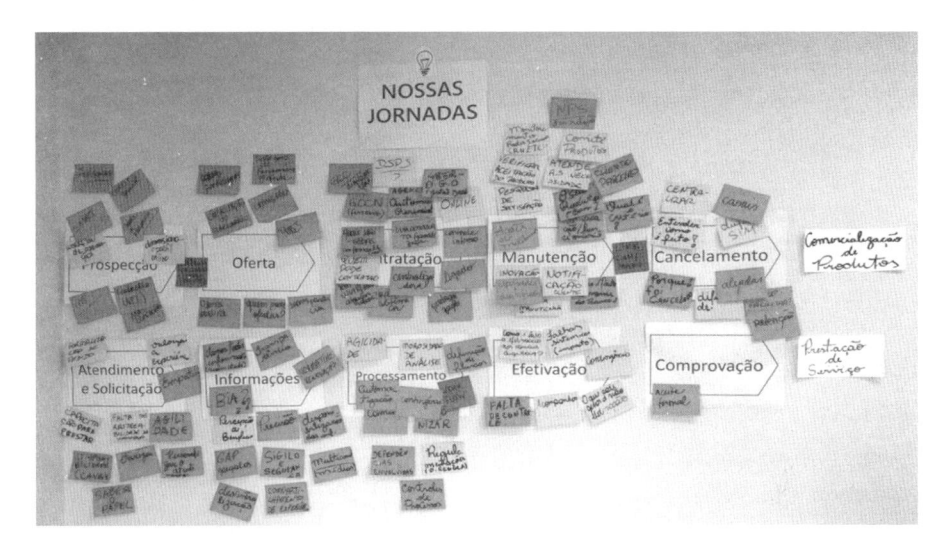

Exercício inicial de imersão das Jornadas do Cliente

DESAFIO CUMPRIDO

Promovemos diversas movimentações que nos permitiram aproximarmo-nos mais da percepção do cliente e trabalhar os *gaps*. Identificamos oportunidades de melhoria e reajustamos processos que impactavam diretamente na satisfação do cliente.

Por toda a governança, estrutura e abrangência de atuação evidenciamos o intenso processo de amadurecimento da Ouvidoria Bradesco, que completou 13 anos em 2018. Também demonstramos o protagonismo do departamento que participa ativamente das principais decisões de negócio do Banco, sempre com o viés de proteger o cliente e usuário.

Outro ponto que merece destaque refere-se ao fato de a Ouvidoria estar ligada diretamente ao diretor-presidente da Instituição. O patrocínio e engajamento da Alta Administração em primeiro lugar demonstra a consolidação do posicionamento da Ouvidoria nesta gigante Instituição Financeira, em segundo, nos mostra e nos motiva ainda mais a investir na continuidade deste caminho.

DIRETOR DA OUVIDORIA E OUVIDOR

NAIRO JOSÉ MARTINELLI VIDAL JUNIOR

Profissional com mais de 30 anos de experiência no setor Financeiro, atuando em áreas como Rede de Agências, Assessoria da Diretoria Regional e Diretoria Executiva, Segmentos Corporate e Varejo. Ingressou no Departamento de Ouvidoria no ano de 2012, foi nomeado ouvidor em 2014 e tornou-se diretor-ouvidor do Banco Bradesco no ano de 2018.

Formado em Administração de Empresas, especialista em Administração Financeira. Realizou o MBA Banking pela Fundação Getulio Vargas (FGV) e o PMD (Programam for Management Development). IESE/ISE através da IESE Business School – University of Navarra, Espanha.

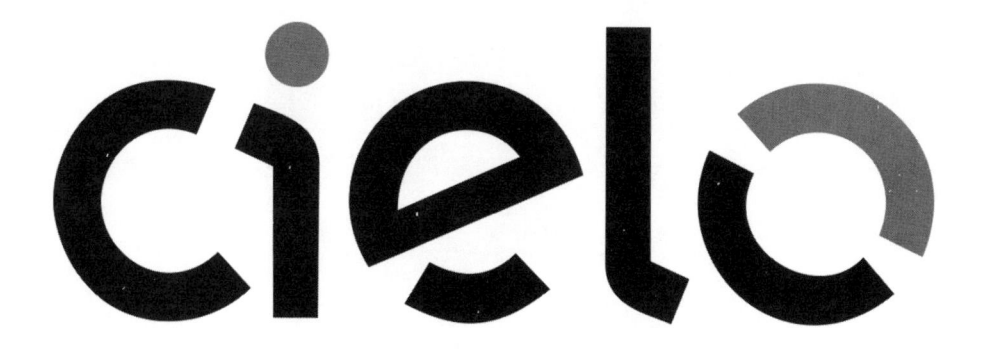

CIELO S.A.

A Cielo S. A. é a empresa líder em soluções de pagamentos eletrônicos na América Latina. Responsável pelo credenciamento de estabelecimentos comerciais, e pela captura, transmissão, processamento e liquidação financeira das transações realizadas com cartões de crédito e débito.

A alta tecnologia aplicada em sua rede permite que a Cielo opere com um índice de disponibilidade de 99,99% ao longo do ano. Possui ainda o mais moderno parque brasileiro de equipamentos (com média de 1,7 ano) e mais de um milhão de estabelecimentos ativos, cobrindo 99% do território nacional.

CASE DA OUVIDORIA

DE UM PROCEDIMENTO PADRÃO PARA UMA PARCERIA DE NEGÓCIOS...

Em 3 de dezembro recebemos a visita de um cliente, com 38 anos, morador da cidade de Barueri/SP, que presta serviços de engraxate na rodoviária da mesma cidade.

Ele procurou a Ouvidoria por problemas técnicos em sua máquina de aceitar cartões, a fim de solicitar a substituição por outra máquina. Fizemos o procedimento padrão de abertura de troca de máquina, mas respeitando as restrições de horário do cliente (somente das 7 às 8h), o que reduzia muito as chances de êxito na visita do *courier* (profissional da visita de troca). Ele foi orientado a retornar à Cielo para eventual necessidade, uma vez que não possuía telefone fixo, celular ou e-mail.

Ao final desse atendimento presencial, um dos membros da Ouvidoria sugeriu ao cliente a adesão à Cielo LIO+, na época em franca divulgação no Programa do Luciano Huck. Este modelo atenderia as duas necessidades do cliente: 1. Telefone celular; 2. Máquina de aceitar cartões. O cliente ficou extremamente feliz com a possibilidade de resolver ambos os problemas com a Cielo, ficou de pensar e tentaria viabilizar a compra do produto.

O cliente retornou na Cielo dois dias após o primeiro atendimento presencial alegando não ter recebido a visita do *courier* para que fosse feita a troca da máquina na própria Cielo. Nessa ocasião, a Ouvidoria, orientada pelo Valor "CLIENTE ENCANTADO", sensibilizou-se pela delicada situação do cliente e resolveu "ir além" do procedimento padrão de troca de máquina.

A Ouvidoria, em parceria com as demais áreas de Negócio (Produtos, Inovação, Marketing e BackOffice), viabilizou as seguintes ações, com o objetivo de formar uma parceria de negócio para ajudar o cliente:

- Fornecimento da Cielo LIO+ (celular + Leitor de cartão), com patrocínio total dos investimentos necessários para a aquisição do produto, para que o cliente obtivesse uma forma de comunicação e voltasse a receber pagamentos através de cartões de crédito e débito.

- Isenção da dívida referente ao aluguel da máquina anterior – havia mensalidades pendentes em virtude do baixo volume de vendas, o que impossibilitava o cliente de cobrir o valor do aluguel mensal.

- Auxílio ao cliente no processo de cancelamento do plano pós-pago na empresa de telefonia, estancando a dívida existente, e viabilizou uma linha pré-paga para que ele não tivesse mais problemas com este tipo de despesa.

- Fornecimento de camisas sociais como uniforme, com logomarca da Cielo.

- Confecção de cartões de visita com divulgação do trabalho do cliente.

- Compra de material de trabalho (graxas, escova e flanela).

- Promoção da ação "Engraxate *in company*", na qual o cliente passou o dia na Cielo engraxando os sapatos dos colaboradores e recebendo o pagamento através da nova máquina.

- Sugestão de reajuste nos valores dos serviços prestados pelo cliente, pois estavam muito abaixo dos praticados no mercado.

- Acompanhamento semanal de suas vendas, com monitoramento sobre a correta utilização do equipamento. Nos períodos de ausência de vendas, o cliente recebe um contato da Ouvidoria Cielo para entender o motivo e auxiliá-lo.

- Suporte presencial e por telefone sempre que o cliente possui alguma dúvida de como realizar a transação, consultar vendas realizadas e valores que receberia em datas específicas.

- Realização de reuniões mensais presenciais com o objetivo de auxiliar o cliente na sua conciliação financeira.

BENEFÍCIOS DESTA PARCERIA...

Ainda em dezembro, o cliente realizou 27 polimentos de sapatos, com a cobrança do serviço através da máquina Cielo LIO+. Segundo *feedback* do próprio cliente, sem a máquina de cartões não seria possível executar este volume de atendimento.

Nesta parceria, temos a oportunidade de testar na prática o novo produto Cielo, constatando de perto as "alegrias e dores" de utilização por parte do cliente. Além disso, a satisfação plena do cliente gerou a indicação de três novos potenciais clientes, que durante o pagamento do serviço se interessaram pela nova máquina e acionaram a Ouvidoria para obter maiores informações, com possibilidade de aquisição!

Nota: *os dados reais do cliente (nome e razão social) foram protegidos para preservar sua imagem.*

OUVIDORA

ELAINE CARMO SILVA

Graduada em Comunicação Social, ênfase em Relações Públicas, pela UERJ (Universidade do Estado do Rio de Janeiro), pós-graduada em Administração de Empresas pela FGV-São Paulo (Fundação Getulio Vargas). Atuou 16 anos em Gestão da Área de Atendimento ao Cliente como coordenadora da Operação da Central de Relacionamento Cielo. Também coordenou a área de DBM (DataBase Marketing) na estruturação de campanhas de abordagem ao cliente de acordo com estratégias comerciais. Atualmente, atua como ouvidora na Cielo, função que desempenha há quatro anos. Possui grande interesse e experiência no tema "Relacionamento com o Cliente", de forma abrangente.

Duratex

Soluções para melhor viver

DURATEX

É uma satisfação compartilhar os momentos e os locais onde as pessoas se sentem bem. Suas histórias nos inspiram a inovar e desenvolver produtos e serviços que promovam momentos de felicidade, conforto e bem-estar. Oferecer soluções para melhor viver: esse é o nosso jeito de fazer negócio! Somos parte do dia a dia das cidades e da vida das pessoas por meio das marcas Deca, Hydra, Ceusa, Durafloor e Duratex. Sempre comprometidos com a qualidade, *design*, sustentabilidade e tecnologia, temos um portfólio de alternativas para a construção e decoração de suas casas, escritórios e demais ambientes.

CASE DA OUVIDORIA

UMA OUVIDORIA CONECTADA COM A CULTURA E COM O PROPÓSITO DA DURATEX

A conquista, pelo segundo ano consecutivo, do prêmio da Associação Brasileira das Relações Empresa Cliente (Abrarec), em novembro de 2018, teve um significado particularmente especial para a Ouvidoria da Duratex. Para além desse reconhecimento setorial, a vitória marcou também uma nova fase da nossa Ouvidoria, consolidada como **canal estratégico de diálogo e relacionamento**.

Já com uma trajetória de seis anos de atuação, a Ouvidoria concluiu em 2018 um amplo **projeto de reposicionamento**, com novidades em sua estrutura e no modelo de operação.

Planejada em 2016 e executada ao longo de 2017 e 2018, essa iniciativa sintonizou ainda mais a Ouvidoria com os princípios que formam o DNA da Duratex para que a área possa cumprir plenamente a atribuição de gerar valor à gestão, aos negócios e à sociedade.

O novo modelo de atuação se integrou também à **grande transformação cultural** pela qual a Duratex vem passando nos últimos anos, inspirada pela condição de empresa líder de mercado no Brasil e com exportações para mais de 50 países, mas, acima de tudo, pelo compromisso permanente com a inovação.

Em consonância com as melhores práticas do setor, a Ouvidoria amplia o diálogo com os públicos de relacionamento, oferecendo um serviço ágil, abrangente e qualificado.

Nesse ambiente, a nossa missão, contudo, segue inalterada: atender, com eficiência e responsabilidade, **às manifestações** de um universo **bastante amplo e diversificado**, que inclui os 6 mil fornecedores e, especialmente, os 11 mil colaboradores, que atuam em escritórios administrativos, sete unidades florestais e 16 plantas industriais no Brasil.

Como parte de nossos compromissos, também acolhemos denúncias de desvios éticos e relatos de outros públicos de interação, como consumidores, clientes, especificadores, investidores e comunidades do entorno de nossas operações.

A nova forma de a Ouvidoria trabalhar responde às necessidades da companhia, que entre 2015 e 2017 construiu e lançou o Jeito de Ser e de Fazer, uma grande iniciativa de mobilização cultural que explicita para todos os colaboradores as atitudes que incentivamos e aquelas que não são aceitas no dia a dia de trabalho e nos relacionamentos institucionais. Os atributos de comportamento espelham o que a Duratex almeja ser permanentemente: uma empresa ética, transparente, de diálogo franco, que respeita a diversidade, próxima dos clientes e consumidores e que combate qualquer tipo de desvio de conduta.

Paralelamente ao reposicionamento da Ouvidoria, outra iniciativa de alcance comportamental ganhou destaque – a elaboração do novo **Código de Conduta** da Duratex, fruto do trabalho de um grupo multidisciplinar.

Lançado em maio de 2018, o novo Código de Conduta **empoderou ainda mais a Ouvidoria** para sua atuação em situações de conflito não solucionadas nos processos cotidianos da empresa, na apuração de desvios e no reporte de dilemas éticos. Nesse contexto, a Ouvidoria passou a integrar o grupo técnico de suporte à Comissão de Ética da companhia.

REPOSICIONAMENTO BEM-SUCEDIDO

O redesenho dos processos e serviços da Ouvidoria é, portanto, consequência direta de toda essa efervescência no ambiente interno da Duratex. Não se tratou de correção de rumos, mas de dar voz a uma inquietação interna da equipe para que a Ouvidoria tivesse **uma estrutura e processos ainda mais modernos, ágeis, sistematizados e eficientes**, preservando sua essência e alto nível de confiança dos usuários.

Para que a nova Ouvidoria ganhasse vida, foi necessário um profundo trabalho de diagnóstico e levantamento de boas experiências de mercado. Com esse propósito, realizamos em 2016, por exemplo, encontros de *benchmarking* com 14 ouvidorias que são referência em seus segmentos. Buscamos ainda *feedback* interno sobre o papel e a atuação da área.

Nessa avaliação, ficou evidente a importância do fortalecimento da Ouvidoria, proporcionando condições para que ela acompanhasse o crescimento da organização, acolhesse os diversos públicos e respondesse à **complexidade** das manifestações.

Afinal, mudanças comportamentais da sociedade e a própria transformação cultural da organização influenciam **o olhar das pessoas em relação ao que observam do dia a dia de trabalho e à disposição para se manifestar** e, mesmo, denunciar um fato ou comportamento que representa desvio em relação à conduta esperada internamente ou à legislação do país.

O projeto de construção da nova Ouvidoria teve o **apoio e o envolvimento de diversas áreas** – Auditoria, Compliance, Recursos Humanos, Comunicação, Sustentabilidade, Suprimentos, Tecnologia da Informação, Jurídico, além da Presidência, Diretoria Executiva, dos Comitês estratégicos e do Conselho de Administração. Desse trabalho, resultou um grande conjunto de avanços.

Um dos mais importantes foi a sistematização do processo da Ouvidoria, garantindo a integridade das informações, que passaram a ser **armazenadas num sistema externo de gerenciamento**, com as funcionalidades de *workflow* e *dashboards*.

Essa iniciativa foi muito importante porque ampliou os níveis de segurança dos usuários em relação às suas manifestações. Por esse sistema, o recebimento, o acolhimento e a triagem passaram a ser feitos fora da Duratex – por um parceiro de reconhecida experiência e que segue rigorosas políticas de privacidade e anonimato. A chegada desse parceiro viabilizou **o modelo de operação pretendido pela Ouvidoria**. Na nova configuração, ele ficou responsável pelo recebimento de todas as manifestações dos públicos de relacionamento, pela triagem e pela análise preliminar dos conteúdos.

Assim, **a equipe interna da Ouvidoria assumiu um papel mais estratégico**, particularmente no relacionamento com os gestores da companhia e na definição do posicionamento corporativo sobre as questões levantadas pelos usuários. Liberada das funções primárias, a equipe da Ouvidoria pode se dedicar ao aprofundamento dos temas, resultando em um retorno qualificado ao manifestante e, também, à construção de indicadores mais sólidos e abrangentes, com repercussão positiva no apoio que a área pode oferecer à gestão da companhia.

A nova realidade no que diz respeito ao recebimento de manifestações e denúncias foi além de mudanças em processos de trabalho. Em sua nova fase, a Ouvidoria passou a disponibilizar um serviço de atendimento telefônico, das 8 às 20 horas, em dias úteis. O canal também ganhou um portal exclusivo na internet, o www.ouvidoria.duratex.com.br, com tecnologia assistiva, que possibilita a interação com deficientes auditivos e visuais. O portal da Ouvidoria possui outras funcionalidades importantes, como a de *upload* de arquivos e a seção "Acompanhar Manifestação".

Desde o planejamento, a equipe da Ouvidoria tinha consciência de que o sucesso da nova iniciativa dependeria muito do engajamento das lideranças e dos colaboradores da companhia. Por isso, com o projeto pronto, teve início o processo de disseminação das novidades **para toda a organização, por meio de um abrangente plano de comunicação**, ao longo de quatro semanas.

O plano de comunicação visou divulgar o reposicionamento da Ouvidoria, enfatizando os meios de contato e os procedimentos para interação com o canal, como a disponibilização de protocolo, para acompanhamento da manifestação. Igualmente importante foi a divulgação de **informações sobre em quais situações procurar a Ouvidoria e o uso responsável do canal**.

AVANÇOS EM VÁRIAS DIMENSÕES

Assim, vale destacar alguns dados sobre o desempenho da nova Ouvidoria:

- Redução do anonimato (acesso de colaboradores e fornecedores) na comparação de 2017 com 2018, de 70% para 57%, demonstrando a crescente confiança no canal.

- Maior representatividade dos assuntos comportamentais (63%) na perspectiva dos colaboradores, indicando que a Ouvidoria tem sido mais utilizada para questões relacionadas a conflitos interpessoais e desvios de conduta.

- Maior percentual de demandas comprovadas ("procedentes"), redução das avaliações "inconclusivas" e assertividade na identificação de situações "improcedentes", já que os relatos possuem qualidade superior nas informações apresentadas.

- Solicitação de gestores no apoio à análise das manifestações registradas no canal.

- Percentual de denúncias comprovadas dentro da média de mercado, segundo dados de consultorias especializadas.

- Crescente acesso de clientes, consumidores e comunidades de entorno, requerendo a mediação da Ouvidoria para a resolução das situações apresentadas.

Além disso, o funcionamento do novo modelo da Ouvidoria tem gerado à Duratex ganhos adicionais em diversas dimensões. Alguns exemplos:

Governança

- Elevação do patamar de governança, com a recepção das manifestações por canal independente, definição de uma matriz de responsabilidades e sistematização do processo.

- Integração com o Sistema de Gestão de Riscos da companhia e Programa de Integridade, acentuando o seu caráter estratégico.

- Geração de indicadores com potencial para impactar a formulação ou revisão de políticas e procedimentos, assim como a gestão das operações e a gestão de pessoas.

- Preservação da independência e autonomia da Ouvidoria, pilares fundamentais para a atuação da área.

Segurança da informação

- Implementação de um sistema de cadastramento, *workflow*

e extração de relatórios gerenciais, que garantem maior segurança para as informações transacionadas pela Ouvidoria.

Produtividade

- Interação com gestores e usuários de forma proativa.
- Atuação mais estratégica e eficiente.

Comunicação e interatividade

- Melhoria dos canais de atendimento, com disponibilização de protocolo para acompanhamento da manifestação, o que aumentou a efetividade do atendimento e das respostas emitidas.

Qualidade

- Com relatos mais qualificados, aumentaram as possibilidades de interação com os manifestantes, abrindo-se caminho para uma utilização mais aderente aos conceitos e ao escopo do canal.

Expansão

- Ampliação do alcance da Ouvidoria com a mesma estrutura interna, absorvendo o incremento no acesso e preparando a área para futura expansão.

EVOLUÇÃO PERMANENTE

Os avanços e as conquistas resultantes do recente reposicionamento da nossa Ouvidoria só foram possíveis pelo **apoio incondicional da alta liderança da empresa e pelo empenho constante da**

equipe de profissionais, num processo evolutivo de realizações que vem desde a criação da área na Duratex.

Um dos feitos mais importantes da Ouvidoria tem sido a construção de um alto nível de credibilidade perante os públicos, como atestam os depoimentos nas pesquisas de satisfação aplicadas àqueles que utilizam o canal. O alcance dos serviços e os números de atendimento e resolução das demandas também ajudaram na formação da imagem positiva do canal ao longo dos anos.

O surgimento da Ouvidoria na Duratex, em 2012, decorreu do desejo dos acionistas de reforçar o compromisso com uma conduta empresarial, voltada à legalidade e ao diálogo, atributos intrinsecamente ligados aos valores permanentes da companhia e fatores de **edificação de relacionamentos de qualidade e de perenidade para os negócios**. Não por acaso, desde sempre, a Ouvidoria da Duratex está subordinada ao Conselho de Administração e, operacionalmente, ao presidente da companhia.

A conexão da Ouvidoria com os valores, as práticas e os objetivos da Duratex também tem acompanhado sua própria evolução como instância corporativa de relevância. A área é, por exemplo, parte essencial do **Programa de Integridade da Duratex**, pelo fato de ser responsável pela captação de eventuais denúncias sobre atos ilícitos na interação com órgãos públicos, como prevê a Lei Anticorrupção.

Para além dos processos formais e das rotinas sistematizadas, assume grande importância a forma como a nossa equipe mantém contato com os colaboradores, fornecedores e outros públicos. Os critérios norteadores são profundidade e imparcialidade.

Isso significa que **tratamos cada demanda de forma personalizada. Não utilizamos respostas padronizadas** e nossa prática é a manutenção do diálogo genuíno com quem nos procura, para que encontremos os encaminhamentos mais adequados e satisfatórios para cada manifestação, preservando a efetividade das políticas organizacionais e o princípio da imparcialidade.

Ao mesmo tempo, é prioritário demonstrar aos gestores das áreas e unidades produtivas que as questões apresentadas ao canal são, acima de tudo, oportunidades valiosas de revisitar processos, prestar esclarecimentos, estabelecer e ampliar o diálogo, realinhar comportamentos, gerar inovação e até mesmo potencializar a comunicação.

O objetivo final da Ouvidoria tem de ser a resolutividade, apoiando as áreas da empresa na tomada de decisões. Assim, é motivo de orgulho que, desde 2012, tenham sido colocados em prática pela Duratex mais de 1.400 planos de ação relacionados às manifestações que chegaram à Ouvidoria. A tarefa está, portanto, em garantir parcerias produtivas com os diversos níveis de gestão e, com isso, seguir gerando valor à companhia.

Atributos não faltam à nossa Ouvidoria. Eis alguns exemplos de nossas características mais importantes:

- Conferimos visibilidade a temas críticos capazes de impactar o presente e o futuro dos negócios, como os trazidos pelas comunidades de entorno sobre questões ambientais e sociais e aqueles relacionados a riscos envolvendo a cadeia de fornecimento e a gestão de terceiros.

- Atuamos como termômetro do clima organizacional, identificando e reportando temas relativos à satisfação dos colaboradores, fornecendo insumos para a jornada de transformação cultural e indicando ações preventivas baseadas no Jeito de Ser e de Fazer.

- Zelamos pela prática dos valores organizacionais e também pela reputação e marca da empresa, uma vez que aspectos como ética, respeito à diversidade e transparência têm peso crescente na percepção dos diversos públicos de relacionamento.

- Fortalecemos a empresa como organização capaz de atrair e reter os melhores talentos, fornecendo, periodicamente, por exemplo, subsídios para as ações de desenvolvimento organizacional.

- Contribuímos para a "desjudicialização", evitando desgastes institucionais e custos para a empresa.

- Colaboramos para a construção e a manutenção de uma cultura organizacional baseada na ética, na transparência e no diálogo.

Quando olhamos para todos esses atributos, fica evidente que a Ouvidoria tem responsabilidades cada vez maiores. Por isso, o desenvolvimento contínuo de nossas atividades, acompanhando as mudanças da sociedade e as melhores práticas de mercado, no Brasil e em outros países, é missão fundamental para a Ouvidoria e todos os profissionais que formam a nossa equipe.

Existimos para dar voz aos públicos atendidos e para fazer com que todas as manifestações impulsionem a companhia a melhorar, em benefício de todos que com ela se relacionam. Essa é nossa missão, que se renova diariamente, amparada por uma empresa que, em transformação constante, não se distancia de seus princípios e busca se manter como uma referência para a sociedade.

OUVIDORA

ALLINE TAVARES

Relações Públicas, graduada pela Faculdade Cásper Líbero, pós-graduada em Administração de Empresas pela Fundação Getulio Vargas (FGV-EAESP), certificada pela Associação Brasileira de Ouvidores/Ombudsman (ABO) e em Compliance pelo Insper – curso de Educação Executiva. Possui certificação em Linguagem Corporal e Microexpressões pela *Emotional Business Academy*. Atua em Ouvidoria há dez anos e atuou em Comunicação Corporativa, Marketing e Sustentabilidade, complementando os 21 anos de carreira. Integrante do Comitê Setorial de Ouvidorias da Abrarec (Associação Brasileira das Relações Empresa Cliente), palestrante e facilitadora em fóruns do setor.

ITAÚ UNIBANCO

Com mais de 90 anos de história e tradição, o Itaú Unibanco se tornou o maior banco privado do Brasil e uma das maiores empresas do mundo, segundo *ranking* da *Forbes*. Atualmente conta com mais de 90 mil colaboradores, quase 60 milhões de clientes e mais de 95 mil acionistas.

A razão por trás das operações está na visão de que, como banco, deve contribuir para que as pessoas e as empresas tenham uma relação saudável com o dinheiro e façam boas escolhas financeiras. Investimos em projetos ligados à educação, cultura, esportes e mobilidade. Nosso propósito é promover mudanças positivas na vida das pessoas e da sociedade.

CASE DA OUVIDORIA

IMPLEMENTANDO O PROCESSO DE GESTÃO DE DEMANDAS INSTITUCIONAL

SUMÁRIO EXECUTIVO

O compromisso com a satisfação de clientes permeia a nossa cultura. Utilizar as manifestações de clientes para melhorar nossos serviços e as experiências deles é um objetivo comum e permanente em toda a Instituição. O desafio de todas as organizações que possuem dezenas de milhões de clientes, como a nossa, é identificar com agilidade os processos ou serviços que mais os afetam e precisam ser priorizados na agenda de melhorias, ou seja, identificar as "dores" do cliente e tratá-las de forma eficaz.

Para isso, implementamos um processo, coordenado pela Ouvidoria e Qualidade, com abrangência em toda organização, denominado Gestão de Demandas de Clientes. Um processo institucional focado na centralidade do cliente e no aumento de sua satisfação através da redução de reclamações. Este processo consistiu na elaboração de uma política formal interna, definição de critérios específicos para captura e eleição dos assuntos críticos, diagnóstico de causa-raiz das reclamações tratadas no SAC, Ouvidoria, Procon e Bacen, consolidação das análises em sistema único, definição de metodologia (quantitativa e qualitativa) para eleição dos assuntos, obrigatoriedade de definição de planos de ação com designação de responsáveis, para correção ou aprimoramento do serviço, controle da implementação e sua eficácia ao longo do tempo, bem como gestão de consequências para os resultados atingidos (reconhecimento ou penalidade, associados diretamente às metas de todos os colaboradores da instituição).

CENÁRIO

A indústria financeira ainda possui imagem não favorável sobre os serviços prestados. Apesar dos avanços e da reconhecida tecnologia oferecida ao cliente bancário no país, o desafio de aprimorar seus serviços e aproximá-los das necessidades dos clientes são compromissos permanentes do Itaú Unibanco. Muitas são as oportunidades e os recursos e capacidade de melhoria são finitos. Portanto, possuir um processo que permita identificar com agilidade e precisão os problemas que mais afetam os clientes e tratá-los com eficiência é fator crítico de sucesso para a organização. A Ouvidoria integra o sistema de atendimento ao cliente do Itaú Unibanco e possui a atribuição e a responsabilidade de estimular e liderar os processos de transformação e melhoria.

PROBLEMA

Muitos problemas similares, tratados em canais diferentes, com diagnósticos distintos, muitas vezes podem gerar movimentos e ações desalinhadas na organização, gerando experiências distintas para os clientes. Ou ainda, a priorização de melhorias de processos em detrimento de outros mais sensíveis à satisfação dos clientes. Então, como fazer a gestão dessas reclamações recebidas dos canais internos e externos, diagnosticar as causas-raízes dos assuntos mais críticos e definir em conjunto com as áreas de negócio as prioridades certas para melhorar a satisfação dos clientes?

DESAFIO

Foi identificado que havia necessidade de implementação de um processo organizado, com premissas, metodologia e alinhamento de todos os envolvidos, que garantisse o direcionamento, planejamento e priorização adequados.

Gerir as reclamações e as ações de melhoria de forma adequada, além do resultado em si, consolida uma cultura organizacional que incentiva o envolvimento de todas as áreas da organização com a satisfação do cliente.

Com uma cultura voltada para a centralidade do cliente implementada, temos a convicção de que os processos e produtos terão, desde sua concepção, a preocupação de agregar valor à vida das pessoas, e eventuais melhorias e aprimoramento independerão de reclamações, passa a ser uma etapa natural do ciclo de evolução do produto ou serviço.

SOLUÇÃO

Definição de uma política formal, chamada de Política de Gestão de Demandas de Clientes, criada em conjunto pela Ouvidoria, Qualidade, *Compliance* e áreas de negócios e disponível a todos os colaboradores da organização no portal interno. Essa política define critérios objetivos, atribui responsabilidades e prazos, e declara nosso compromisso de aproveitar cada reclamação para melhorar nossos serviços.

Para controle do processo de Gestão de Demandas de Clientes, desenvolvemos uma ferramenta denominada SGD – Sistema de Gestão de Demandas, que permite o acompanhamento de todo o processo. Essa ferramenta promove a gestão dos indicadores de insatisfação, padronização dos diagnósticos de causas-raízes, assertividade dos planos de ação reportados pelos gestores e governança de todas as informações, bem como sobre a efetividade dos planos implementados.

METODOLOGIA UTILIZADA

O processo de Gestão de Demandas é composto por quatro etapas e pela Gestão de Riscos e Consequências, que permeia todo o fluxo, garantindo sua efetividade:

- **Gestão de indicadores**: acompanhamento de reclamações com definição dos assuntos críticos e amostras para diagnósticos utilizando-se metodologia para seleção de assuntos estatisticamente confiáveis;

- **Diagnóstico:** análise quantitativa e qualitativa das amostras, identificando e padronizando as causas-raízes e classificações da natureza dos problemas;

- **Planos de ação:** definição de planos de ação, pelos gestores responsáveis, para cada causa-raiz identificada, atribuindo expectativa de redução de reclamação (valoração) e datas de implantação.

Para valoração do impacto do plano de ação, foi desenvolvido um método e apresentado às áreas de negócios, para que possam indicar com assertividade a expectativa de redução.

Os planos de ação sugeridos pelos gestores são validados antes pela Ouvidoria.

OUVIDOR

ROGÉRIO TALTASSORI

Advogado, pós-graduado em Banking e Gestão Estratégica de Negócios, atua em instituição financeira há mais de 20 anos. É ouvidor do Itaú Unibanco.

GRUPO MAPFRE

A MAPFRE é um grupo multinacional que forma uma das maiores companhias de serviços nos mercados segurador, financeiro e de saúde. Está presente nos cinco continentes com mais de 35 mil colaboradores e, em 2018, suas receitas atingiram cerca de 27 bilhões de euros e lucro líquido de 529 milhões de euros. Especialista nas suas áreas de negócio, a MAPFRE opera no Brasil em seguros, investimentos, consórcios, capitalização, previdência, saúde e assistência. A companhia ainda mantém a Fundación MAPFRE, instituição sem fins lucrativos que promove e desenvolve atividades de interesse geral da população.

CASE DA OUVIDORIA

FÓRUM DE MELHORIAS

SUMÁRIO EXECUTIVO

O GRUPO SEGURADOR BANCO DO BRASIL E MAPFRE tem uma história de destaque em relação ao mercado quanto à implantação de seu sistema de Ouvidoria. A MAPFRE foi a primeira seguradora a disponibilizar o canal a seus segurados, antes mesmo do prazo determinado pela Susep (Superintendência de Seguros Privados): um comprometimento com a qualidade do relacionamento com seus clientes que foi corroborado quando da aliança que resultou na formação do GRUPO SEGURADOR. Em 2016, imbuída desse mesmo pioneirismo, que marca a gestão do GRUPO SEGURADOR, foi criado um projeto fundamentado em melhoria contínua para direcionar o plano de ações da área de Ouvidoria, tornando-a muito mais proeficiente e proativa em relação às demandas dos clientes: o Fórum de Melhorias.

O Fórum de Melhorias, patrocinado pela alta direção do GRU-

PO SEGURADOR, tem a proposta de sedimentar a cultura de foco no e do cliente em todas as áreas. Com a iniciativa, a Ouvidoria envolve as diversas áreas, compartilhando informações estratégicas para revisão de processos, para promover melhorias em vários pontos da gestão e sugerindo uma visão integrada que aumenta a sua eficiência e a do GRUPO SEGURADOR. O resultado é a formação de uma cadeia positiva de compromisso e inovação, que ultrapassa barreiras usuais perante as mudanças.

O esforço conjunto que o Fórum de Melhorias propõe evita retrabalho, busca soluções mais efetivas e completas, promove integração entre áreas e pessoas, fortalece e valoriza a atividade da Ouvidoria, contribui para a imagem corporativa do GRUPO SEGURADOR, para a sustentabilidade do negócio, para fidelização e satisfação de seus clientes. Em pouco mais de um ano, o Fórum de Melhorias já propôs 223 oportunidades de melhorias.

OUVIDORIA

A Ouvidoria é a área que representa os legítimos interesses dos cidadãos na busca de soluções definitivas. Atua na defesa dos direitos dos consumidores, assegurando a estrita observância das normas legais e regulamentares relativas aos direitos do consumidor, atuando como canal de comunicação entre o GRUPO SEGURADOR e os consumidores de seus produtos e serviços, esclarecendo, prevenindo, mediando e solucionando conflitos.

Atende consumidores, segurados, beneficiários de planos, estipulantes de seguros, corretores de seguros – quando representando o segurado –, representantes legais, representantes de organismos de defesa do consumidor e terceiros.

Tem como propósito *"Valorizar cada demanda do cliente como uma oportunidade única e definitiva de resolução imparcial, conciliadora e responsável".*

Suas principais responsabilidades são:

- Receber e dar tratamento às demandas dos consumidores quando não se sentirem satisfeitos ou atendidos com a solução apresentada por outros canais de atendimento.

- Assegurar os direitos legais do consumidor e do contrato de seguro, atuando com independência, imparcialidade e ética na busca de uma solução efetiva.

- Propor medidas corretivas ou de aprimoramento de procedimentos e rotinas, em decorrência da análise das reclamações recebidas.

A Ouvidoria do GRUPO SEGURADOR BANCO DO BRASIL E MAPFRE foi implantada em 2012, antes mesmo da divulgação da resolução de 2013 da Susep – organismo regulador das companhias de seguros no Brasil – que determinou que todas as companhias de seguros criassem uma área de Ouvidoria.

Vale ressaltar que as empresas de seguros do BANCO DO BRASIL e do GRUPO MAPFRE já possuíam Ouvidorias, antes mesmo de se firmar a aliança entre as empresas que resultou na formação do GRUPO SEGURADOR BANCO DO BRASIL E MAPFRE.

A Ouvidoria também retroalimenta as Unidades com informações sobre as reclamações, por meio de relatórios enviados mensalmente.

CANAIS DE ATENDIMENTO

A Ouvidoria oferece acesso aos clientes por meio de telefones com discagem direta gratuita (DDG 0800), sites eletrônicos, endereço para correspondência e atendimento presencial. Além disso, oferece atendimento exclusivo para deficientes auditivos e/ou de fala.

Atende também demandas das redes sociais, consumidor.gov.br, Reclame Aqui, Comitê de Auditoria, da Susep e do Procon.

Os canais de acesso à Ouvidoria são divulgados nos sítios eletrônicos na internet, extratos e comprovantes eletrônicos ou fornecidos em papel, nas propostas e contratos formalizados com os consumidores, nos materiais de propaganda e publicidade e nos demais documentos que se destinem aos consumidores dos produtos e serviços da entidade.

A Ouvidoria disponibiliza também um telefone exclusivo para atendimento aos técnicos do Procon.

PROBLEMA

De acordo com o propósito estabelecido pela área de Ouvidoria, o GRUPO SEGURADOR entende que, além de dar solução conciliadora às demandas dos clientes, faz parte da função dessa área propor melhorias de produtos, processos e serviços a partir das reclamações tratadas e sempre que possível esclarecê-las, para que sejam revistos e melhorados os processos internos que geraram essas demandas.

Algumas das dificuldades que a Ouvidoria enfrentava eram:

- Conseguir efetividade de implantação das sugestões de melhorias propostas para as Unidades;

- Ter o envolvimento e o comprometimento das Unidades;

- Dificuldade para acompanhar as ações propostas. Nem sempre havia retorno da Unidade.

A dificuldade de integração entre as áreas para solução definitiva do problema tem reflexos negativos no processo de gestão, na produtividade da equipe, na retenção de clientes e, entre outros, na imagem corporativa.

Eliminar a reincidência de reclamações pelo mesmo motivo é primordial para conseguir melhores resultados nos indicadores e, principalmente, para melhorar a percepção do cliente com o atendimento prestado pelo GRUPO SEGURADOR.

DESAFIO

Desenvolver um projeto que conseguisse abranger todas as áreas no compromisso de reduzir a quantidade de reclamações que chegavam à Ouvidoria, principalmente aquelas que, posteriormente, eram consideradas procedentes, já que essas evidenciavam algum tipo de *gap* nos procedimentos anteriores, relacionados ao atendimento ao cliente.

A intenção da Ouvidoria era aprimorar os procedimentos visando contribuir com o processo de atendimento e fazer da Ouvidoria um pólo gerador de ideias e soluções para alcançar a excelência no atendimento ao cliente e a redução de motivos de reclamação, por meio de um processo interno de melhoria contínua.

Propor uma inovação estabelece sempre uma mudança no modelo de trabalho e, por consequência, uma superação de desafio. A iniciativa sugerida pela Ouvidoria tem esse caráter, uma vez que demanda uma análise minuciosa do problema apresentado, cujo método exige engajar um grupo grande de colaboradores, para incentivá-los a encontrar soluções e implementá-las.

SOLUÇÃO

Em maio de 2016, com o apoio da alta direção do GRUPO SEGURADOR, a Ouvidoria implantou o **Fórum de Melhorias,** composto por representantes das Diretorias Gerais, com o principal objetivo de analisar as reclamações registradas na Ouvidoria, as recomendações de melhorias sugeridas pelos colaboradores e definir soluções por causas, em processos e produtos.

A iniciativa previa analisar os motivos que geravam as reclamações, privilegiando aquelas cujos processos interferem na percepção do cliente, de forma a envolver as áreas no compromisso de reduzir os motivos e a reincidência de reclamações de clientes.

A principal função do Fórum de Melhorias é coordenar a implantação das melhorias sugeridas. Além de analisar a viabilidade das sugestões propostas, a Ouvidoria se envolve em todo o processo de implementação das melhorias acatadas.

METODOLOGIA UTILIZADA

As reuniões do Fórum de Melhorias ocorrem mensalmente e prevê reunião extraordinária sempre que necessário.

Como medida preliminar foi redigido um Regimento Interno que regulamenta a atuação do Fórum de Melhorias.

Destacam-se no Regimento:

Art. 6º. Para exercício de suas atribuições, o Fórum deverá:

I. Analisar todas as indicações de melhorias ou medida corretiva;

II. Reportar o esforço necessário para a implantação;

III. Gerar planos de ação para a tratativa das reclamações recorrentes dos segurados;

IV. Apresentar os *status* das melhorias preventivas e corretivas sugeridas pela Ouvidoria; e

V. Gerar novas oportunidades de negócio por meio das melhorias aplicadas;

ALGUMAS REALIZAÇÕES DO FÓRUM DE MELHORIAS

Ferramenta GUTP - matriz de priorização para classificar cada melhoria proposta pela ótica da **G**ravidade (do problema), **U**rgência (de resolução), **T**endência (da evolução, piora de forma lenta ou rápida) e **P**rojetos (iniciativas em andamento para solução do problema).

Sala do Cliente - sala exclusiva, instalada no mesmo andar da Presidência, onde a Ouvidoria recebe clientes que vêm até o GRUPO SEGURADOR resolver alguma demanda.

Padronização das comunicações com o cliente - revisão dos textos de todos os documentos entregues aos clientes para confirmar as informações de acesso à Ouvidoria e facilitar o entendimento do produto ou serviço.

Capacitação - motivou a elaboração de treinamentos e reciclagens para os representantes, abordando temas como o Código de Defesa do Consumidor, por exemplo.

Comunicação interna - utilização dos canais internos para divulgar as iniciativas propostas no Fórum de Melhorias, como forma de integrar ao processo todos os colaboradores.

Matriz de danos e reparação - matriz que define por meio da gravidade do problema qual reparação deverá ser feita ao consumidor.

Programa Educacional - trabalho de orientação aos clientes, por meio das mídias sociais, com a finalidade de aumentar a base de conhecimento dos produtos e serviços, esclarecendo os direitos e deveres do consumidor.

Grupos de trabalho - equipes paralelas ao Fórum de Melhorias para dar andamento a outros projetos de aperfeiçoamento, como o Projeto Gestão de Parcelas.

RESULTADOS

A eficiência do **Fórum de Melhorias** pode ser evidenciada de várias formas.

Inicialmente a ação provocou uma movimentação saudável, revitalizando as atividades tanto da Ouvidoria quanto de outras áreas, provocando melhor relacionamento e maior sinergia entre elas.

A concepção do Fórum de Melhorias partiu do pressuposto de que a Ouvidoria deveria atuar tanto para solucionar com prontidão o problema do cliente como para, sempre que possível, eliminar a possibilidade de esse mesmo problema voltar a acontecer.

O envolvimento das áreas acontece desde a proposta para solução da demanda até sua inclusão no processo, resultando em maior efetividade das propostas sugeridas para as Unidades.

O compartilhamento de informações e de análise de correções implica compartilhamento de responsabilidades e gera mais comprometimento das Unidades.

O monitoramento do processo de inserção de melhorias, até sua efetiva implantação, soluciona a falta de retorno das Unidades para as sugestões apresentadas pela Ouvidoria antes da instituição do Fórum de Melhorias.

Desenvolve-se uma percepção mais clara das conexões entre os diversos processos e da relevância e consequências de cada ação sugerida. A proposta funciona como revisão eficiente dos procedimentos estabelecidos e incentiva a aproximação entre os profissionais de distintos setores.

Esses atributos qualificam o Fórum de Melhorias como ferramenta para aumentar a integração entre as áreas e a eficiência do GRUPO SEGURADOR, extrapolando sua função-fim.

A eficácia da ação pode ser avaliada quantitativamente, pelo resumo dos resultados de 2016/2017 apresentados nos quadros a seguir:

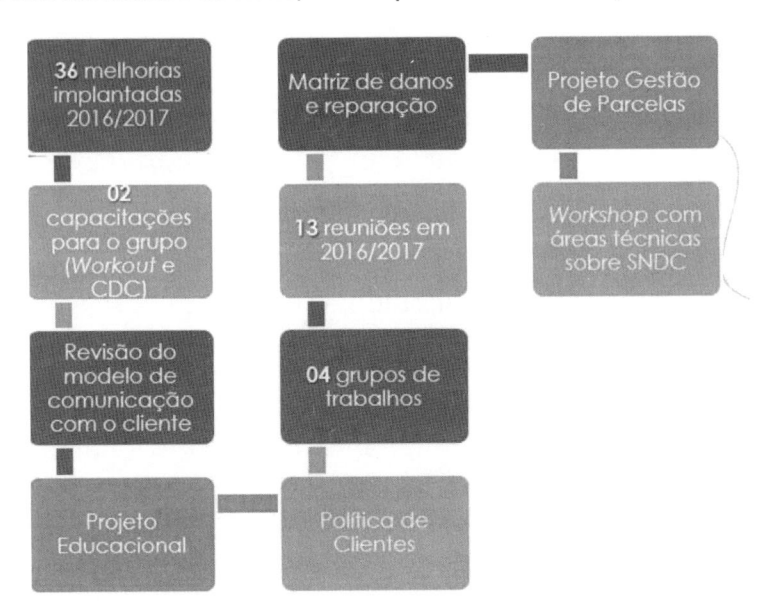

- 36 melhorias implantadas 2016/2017
- 02 capacitações para o grupo (Workout e CDC)
- Revisão do modelo de comunicação com o cliente
- Projeto Educacional
- Matriz de danos e reparação
- 13 reuniões em 2016/2017
- 04 grupos de trabalhos
- Política de Clientes
- Projeto Gestão de Parcelas
- Workshop com áreas técnicas sobre SNDC

SNDC – Sistema Nacional de Defesa do Consumidor

Um indicador significativo para demonstrar a evolução do trabalho da Ouvidoria é o índice de retenção de clientes. A imagem a seguir aponta o percentual de clientes que, após acionarem a Ouvidoria para atendimento do seu pleito, permanecem com seguros ativos no GRUPO SEGURADOR.

41,2% 2013 → 44,3% 2014 → 45,8% 2015 → 56,7% 2016 → 56,3% 2017

As atividades geradas pelo Fórum de Melhorias se somam às demais tarefas que a Ouvidoria desenvolve e a outras iniciativas decorrentes dessa remodelação, delineando um perfil mais proativo para a área.

A implementação de melhorias aumenta mês a mês conforme são viabilizadas as mudanças necessárias, o que confere ao projeto Fórum de Melhorias caráter permanente e ressalta sua contribuição para a melhora continuada da qualidade de atendimento prestado pelo GRUPO SEGURADOR BANCO DO BRASIL E MAPFRE.

CONCLUSÃO

O Fórum de Melhorias evidencia o papel da Ouvidoria como pólo gerador de novas ideias para aperfeiçoar o relacionamento com o cliente e sua experiência com o GRUPO SEGURADOR.

O GRUPO SEGURADOR se destaca por incentivar internamente a proatividade dos gestores, disponibilizando uma grade de capacitação para que seus colaboradores possam se desenvolver permanentemente.

O Fórum de Melhorias incentiva a convergência entre as áreas e a interatividade demonstrando que a Ouvidoria é um órgão estratégico, gerador de mudanças e também especializado em tratar efetivamente as demandas dos clientes.

O Fórum de Melhorias também atua para incentivar internamente a Cultura do Cliente.

OUVIDORA

CLÁUDIA PIRES R. WHARTON

Mais de 24 anos de experiência em gestão de pessoas, negócios e clientes. Atualmente atua como Ouvidora do Grupo MAPFRE e anteriormente do Grupo Segurador BB & MAPFRE. Foi responsável por oito anos pela Central de Relacionamento do Grupo, com 2.100 colaboradores em três sites. Formação em Letras, Teologia e Psicologia. Pós-graduação e especializações em Psicoterapia Junguiana, Psicopedagogia e Psicodrama pela USP (Universidade de São Paulo) e Mackenzie. MBA em Gestão pela Universidad Alcalá em Madri e Coach pela Sociedade Brasileira. Eleita Executiva do Ano no Prêmio ABT 2013, Profissional em Hospitalidade pelo Instituto Brasileiro de Hospitalidade Empresarial por quatro anos consecutivos e Personalidade em Seguros pela ClienteSA.

Oi

A Oi, empresa pioneira na prestação de serviços convergentes no país, oferece telefonia móvel, banda larga, TV por assinatura, transmissão de voz local e de longa distância e tem, atualmente, a maior rede wi-fi do Brasil. Presente em todo o território nacional, a Oi é a empresa que tem a maior capilaridade de rede do Brasil, chegando às áreas remotas e promovendo a inclusão digital da população.

Além de serviços para os mercados varejo e corporativo, a Oi oferece soluções digitais integradas de TI e Telecom para o mercado corporativo com foco em segurança, Internet das Coisas (IoT), big data, cloud e data center.

Através do Oi Futuro, instituto de inovação e criatividade da Oi, a companhia promove ações de Educação, Cultura, Inovação Social e Esporte para melhorar a vida das pessoas e transformar a sociedade.

CASE DA OUVIDORIA

"EU RESOLVO – ATENDIMENTO PARA SUPORTE AO CLIENTE"

Soluções simples para comunicação e relacionamento que aliem novas tecnologias às necessidades do cliente. Partindo dessa premissa e tendo como missão sempre surpreender seus usuários, a Oi desenvolveu o Eu Resolvo, um aplicativo exclusivo para smartphone (disponível para os sistemas Android e iOS) que transformou seus milhares de colaboradores em um "canal de atendimento de última instância" e, ao mesmo tempo, em mensageiros da marca.

Lançada em agosto de 2015, a ferramenta inovadora de comunicação permite aos empregados da companhia atuar no atendimento comunitário. Ou seja: qualquer colaborador, independentemente da área de atuação, pode dar suporte ao tratamento de solicitações emergenciais de clientes que fazem parte de seu círculo de relacionamento, como familiares, amigos e funcionários de empresas de apoio à Oi. O projeto preencheu uma lacuna na prestação de serviços: não havia até então um meio específico para esse tipo de demanda.

"O Eu Resolvo foi lançado com o projeto embaixadores da marca. O objetivo era que cada colaborador se tornasse um agente de transformação da imagem da empresa e assumisse o papel de 'solucionador de questões', sejam boas, sejam ruins, dos clientes com quem mantém contato regular. Assim surgiu o aplicativo", explica Tatiana Carvalho, Ouvidora da Oi. As contribuições ativas recebidas pelo canal se traduzem em aperfeiçoamento do atendimento e da prestação de serviços.

Ordens de reparos, instalações, ativações, migração, cancelamentos e outros requerimentos que chegavam ao conhecimento dos empregados eram encaminhados por e-mail à Ouvidoria ou ao Call Center. Com o Eu Resolvo, os pedidos podem ser registrados por eles próprios no app e acompanhados de forma ágil e efetiva, a qualquer hora e em qualquer lugar, na palma da mão. Não é preciso ter um protocolo anterior para poder abrir uma solicitação.

As requisições passaram então a ser gerenciadas de forma unificada pela Ouvidoria da Oi, o que resultou em melhoria na qualidade de atendimento e abordagem. Muito mais do que um instrumento para envio de reclamações, o Eu Resolvo tornou-se um elo de confiança entre a Ouvidoria, os colaboradores e os clientes.

Para garantir transparência e dar celeridade à resolução das demandas, tanto o cliente quanto o demandante recebem notificações a cada alteração para acompanhar o status de seus pedidos. Ao final do atendimento, o usuário recebe um e-mail confirmando a finalização da assistência. Ainda é possível visualizar e acompanhar o histórico de todas as solicitações abertas, avaliar e dar feedback do atendimento realizado, e reabrir o chamado em caso de descontentamento. Outra funcionalidade é a inclusão de clientes Favoritos, a fim de adiantar futuras solicitações.

A implantação do aplicativo iniciou-se de forma gradativa e hoje está disponível em diversos Estados de atuação da Oi: São Paulo, Rio de Janeiro, Santa Catarina, Paraná, Rio Grande do Sul, Goiás, Mato Grosso, Mato Grosso do Sul, Tocantins, Roraima e Acre.

Além do app, a ferramenta também pode ser acessada através da Interativa, a intranet oficial da Oi para comunicações com seus colaboradores. A partir de 2019, eles também poderão cuidar dos clientes do segmento empresarial: a Ouvidoria já está preparada para tratar as solicitações de pessoas jurídicas, bastando cadastrar o CNPJ.

DESAFIOS

Para tirar a ideia do papel, a empresa de telecomunicações elencou uma série de desafios a serem enfrentados. O primeiro era divulgar, disponibilizar a nova funcionalidade para os milhares de colaboradores da companhia e engajá-los no projeto. Tudo a fim de garantir que o cliente tenha cada vez mais sua solicitação atendida.

Houve um esforço massivo de comunicação e ações de marketing para o corpo funcional: todos receberam um SMS com link para realizar o download do aplicativo. O mote da campanha foi apresentar a solução como uma forma mais fácil de ajudar os amigos. Entre as ações de comunicação, estavam o disparo de e-mails marketing, a elaboração de tutoriais, notícias internas, banner e pop up interativos.

No âmbito operacional, uma das metas da Oi era responder às solicitações registradas no Eu Resolvo dentro do Acordo de Nível de Serviço (SLA, na sigla em inglês) em até 72 horas, com a expectativa de 2,5 mil demandas por mês. A partir das informações geradas, o objetivo da companhia era repassar os feedbacks para as respectivas áreas e analisar os processos com maior volume de reclamações para retroalimentar a empresa, visando melhoria contínua e eliminando a reincidência. Com essa atitude, a companhia trabalha para fazer com que manifestações recebidas e reivindicações pontuais se transformem, de fato, em mudanças de comportamentos e processos da empresa.

RESULTADOS

O projeto foi considerado pela Oi um sucesso interna e externamente. A iniciativa trouxe ganhos na evolução do TMA (Tempo Médio de Atendimento), aumento do percentual de resolução na primeira chamada (First Call Resolution) e melhoria do índice de satisfação do cliente final. A demanda vem superando os planos iniciais da empresa: em 2018, a ferramenta recebeu, em média, 4.194 solicitações por mês (139 por dia).

"Utilizo desde que foi criado. Sempre tive um retorno positivo das demandas que abri pela ferramenta, tanto as pessoais quanto as de clientes. Eles requerem, principalmente, reparos, instalações, solução de dúvidas sobre faturamento. A meu ver, trata-se de um grande diferencial da Oi", disse Ricardo Fuschilo, especialista de Processos da companhia, que foi reconhecido em 2017 como um dos colaboradores que mais usaram o aplicativo.

Outra usuária assídua é a coordenadora de Trade Marketing da Oi, Aline Cendon. "Toda a empresa utiliza a ferramenta, por meio da qual registramos pedidos de diversos clientes com quem temos contato diariamente nas ruas, como fornecedores ou até amigos. O retorno é rápido e eficaz: às vezes, o caso é solucionado em menos de 24 horas. Uso, no mínimo, duas vezes por semana", afirmou.

Ao todo, 90% dos atendimentos receberam avaliação positiva (satisfeito/muito satisfeito) no ano passado e 75% foram respondidos em até 72 horas – os casos fora do prazo envolvem investimento em rede e planta externa. São mais de 20 elogios mensalmente. O canal mais utilizado pelos colaboradores para cadastrar e acompanhar os chamados foi o aplicativo (58%) – a intranet correspondeu a 42% do tráfego.

Os melhores agentes da Ouvidoria receberam treinamento específico e passaram a ser agentes convergentes, com domínio de todas as ferramentas para o atendimento. Esse investimento em capacitação garantiu redução do turnover (% anual) e redução do absenteísmo – um dos menores resultados de absenteísmo da companhia, com média anual de 1,5%.

Além disso, houve incremento de vendas e retenção, reflexos no volume de atendimento de ligações e redução de 25% nos demais canais que anteriormente encaminhavam para a Ouvidoria (diretoria, mídias sociais, email, presidência, secretárias e imprensa).

Com todas essas credenciais, o Eu Resolvo transformou-se em um case de sucesso da Oi, sendo reconhecido no XV Prêmio ABT (Ouro) e no Prêmio SMART Customer 2018 (Bronze).

OUVIDORA

TATIANA CARVALHO

Administradora com pós-graduação em Marketing pela PUC- RJ, Tatiana possui 20 anos de experiência na Oi, passando por diversas áreas, como Atendimento, Marketing e Planejamento Estratégico. Em 2009 criou a Ouvidoria e é a responsável pela área desde então. Também é a gestora da célula de clientes estratégicos, visando sempre transformar a experiência do cliente em melhoria na eficiência dos processos na empresa.

Foi responsável pelo Serviço de Atendimento ao Cliente das operações de telefonia fixa e móvel com mais de 4.000 posições de atendimento.

Iniciou sua carreira na área de Marketing dos bancos Unibanco e Fininvest.

oi

Paschoalotto

Paschoalotto

A Paschoalotto, empresa de Call Center especializada em relacionamento, há 20 anos no mercado nacional, tem como prioridade atender com qualidade e exclusividade a necessidade de cada cliente, disponibilizando ampla estrutura tecnológica.

Com o propósito de inovar e ofertar excelência nos serviços de atendimento, se consolidou como referência na recuperação de crédito e atendimento paras as principais instituições financeiras do Brasil, conquistando um rápido crescimento, alicerçada em gestão de pessoas, reconhecida pelo mercado nacional, o que consequentemente a tornou uma das maiores empresas do segmento no Brasil e maior empregadora nas cidades de Bauru, Agudos e Marília.

Eleita 4 vezes pela revista Você/SA como uma das 150 melhores empresas para trabalhar no Brasil nos anos de 2010, 2012, 2016 e 2018, também eleita por 2 vezes entre as 45 melhores empresas para se iniciar a carreira e 3 vezes entre as Melhores Ouvidorias do Brasil.

CASE DA OUVIDORIA

A implantação da Ouvidoria da Paschoalotto se deu em dezembro de 2005 e teve como um dos objetivos fortalecer os princípios de respeito, ética, transparência e legalidade, base dos valores de nossa Companhia, auxiliando na busca pela qualidade e consequente consolidação da continuidade sustentável do negócio, oferecendo aos *stakeholders* a prestação de serviços com excelência e perenidade da Organização.

2005
- Implantação da Ouvidoria

2006
- Associação ABO e ABRAREC

2007
- Implantação de sistema CRM Microsoft

2008
- Programa fortalecimento dos valores corporativos

2009
- Implantação do CHAT
- Seminário a importância da Ouvidoria

2010
- Ouvidoria Itinerante
- Interação da área em treinamentos para qualidade no Atendimento

2011
- Revisão do Código de Ética e MIP da empresa
- Projeto Prefeito de Andar

2012
- Novos indicadores para relatório
- Melhorias no sistema da área

2013
- Prêmio Ouvidorias Brasil
- Criação do Código de Conduta Ética Empresarial: Políticas Anticorrupção e Antissuborno e Relação de trabalho

2014
- Adequações e Melhorias Sistêmicas
- Implantação do Portal de Voz

2015
- 2º Prêmio Ouvidorias Brasil

2016
- Atualização do Código de Ética e Conduta

2017
- Implantação do Compliance e Programa de Integridade
- Atualização PSI

2018
- Mudança do sistema De Ouvidoria
- Implantação do sistema de Compliance
- 3º Prêmio Ouvidorias Do Brasil

Temos o compromisso de respeito, transparência, sigilo e reconhecimento aos direitos e deveres do cidadão e da empresa, atendendo a todos sob os mesmos princípios, não fazendo distinção entre níveis hierárquicos.

MISSÃO
Representar e integrar o cidadão, atuando na defesa dos seus direitos, amparada pela legalidade, ética e imparcialidade, promovendo a melhoria contínua e perenidade da organização.

VALORES
- Imparcialidade • Ética
- Compromisso com a melhoria
- Garantir a legalidade
- Confidencialidade

A atuação nas manifestações é em última instância, ou seja, aquelas que não foram atendidas ou solucionadas pelos canais habituais de atendimento da Organização. Sejam elas reclamações, sugestões, elogios, denúncias ou informações, promovendo a melhoria contínua, atendimento humanizado e personalizado, além de auxiliar no processo de decisão estratégica da empresa.

Contamos com sistema personalizado com foco em otimizar o trabalho da equipe, gerar maior facilidade e transparência aos nossos clientes manifestantes e também o acompanhamento dos indicadores em tempo real aos nossos executivos.

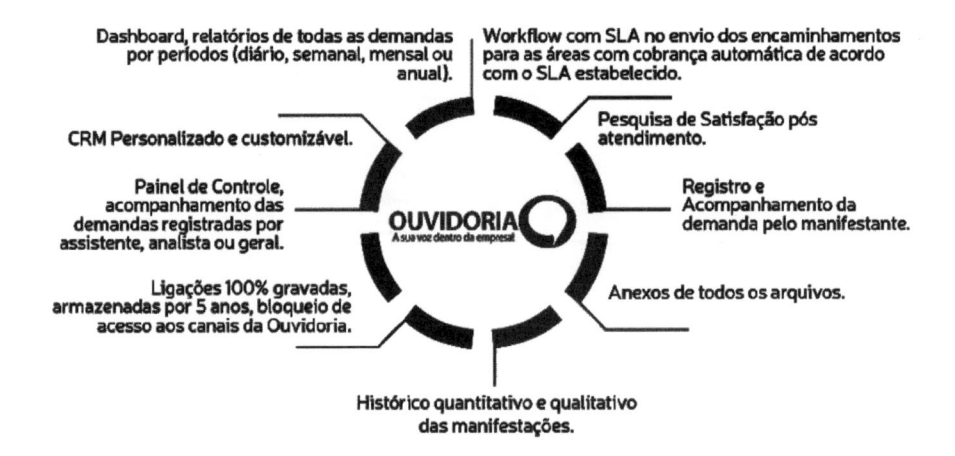

OUVIDORIA — A sua voz dentro da empresa

- Dashboard, relatórios de todas as demandas por períodos (diário, semanal, mensal ou anual).
- Workflow com SLA no envio dos encaminhamentos para as áreas com cobrança automática de acordo com o SLA estabelecido.
- CRM Personalizado e customizável.
- Pesquisa de Satisfação pós atendimento.
- Painel de Controle, acompanhamento das demandas registradas por assistente, analista ou geral.
- Registro e Acompanhamento da demanda pelo manifestante.
- Ligações 100% gravadas, armazenadas por 5 anos, bloqueio de acesso aos canais da Ouvidoria.
- Anexos de todos os arquivos.
- Histórico quantitativo e qualitativo das manifestações.

A subordinação é direta perante a presidência, atualmente na pessoa de Rodrigo Paschoalotto e vice-presidente e sócio co-fundador da empresa, na pessoa de Eric Garmes.

Nos últimos anos, para consolidar e validar todo o trabalho executado por uma equipe qualificada e dedicada à instituição Ouvidoria, fomos por três vezes, respectivamente nos anos de 2013, 2015 e 2018, premiados com o reconhecimento de ser eleita entre as Melhores Ouvidorias do País, pelo Prêmio "Melhores Ouvidorias do Brasil", idealizado pela Abrarec (Associação Brasileira das Relações Empresa Cliente) e com parceira da ABO (Associação Brasileira de Ouvidores).

Nosso trabalho sempre está ligado a inovar e atuar de forma proativa, vislumbrando novas perspectivas para aprimorarmos nossos processos e aqui temos o prazer de apresentar um de nossos cases, que traz grandes desafios e resultados à empresa.

Além das Fronteiras: "A Ouvidoria como mecanismo de legitimação do Compliance nas empresas"

A instituição Ouvidoria deve ser responsável não somente por atuar em sua atividade primária, ou seja, de um canal de atendimento de diferentes tipicidades de manifestações, vindas de todo e qualquer público, resguardando o sigilo e agindo como mediador, proporcionando a resolução de conflito dos cidadãos/consumidores. Devemos inovar, ser um agente multiplicador e transformador, incentivando a implementação de novas e melhores práticas dos processos internos nas organizações, desenvolvendo um trabalho de forma proativa e preventiva, na propositura de melhorias, na avaliação dos riscos ao negócio, disseminando a cultura da ética, respeito, transparência, legalidade, conformidade, confidencialidade e defesa dos direitos do consumidor/cidadão. Neste contexto é que vimos trabalhando em nossa Companhia e tivemos como resultado a conquista de se legitimar e ser o centro para a implantação do Compliance, formatando o Programa de Integridade da Paschoalotto.

Com a base de uma estrutura de Governança Corporativa da Paschoalotto e a atuação consolidada de nossa Ouvidoria, iniciaram-se no ano de 2016 análise e estudo para a implementação do Compliance na companhia, decisão esta também apoiada pelo Conselho de Administração. A avaliação foi com foco em identificar os requisitos para aplicação do conceito, atividades e projetos necessários para a implementação do Compliance e nestes parâmetros deparou-se com inúmeras semelhanças já existentes e subsidiadas pela Ouvidoria, a qual em seus 13 anos de atuação consolidou-se como zeladora da cultura da ética, de transparência, legalidade e conformidade. Agindo também como construtora, guardiã e disseminadora de nosso Código de Ética e Conduta, dos normativos e políticas internas.

Dessa maneira, para a atuação do Compliance na empresa, constatou-se um caminho já amplamente percorrido, haja vista a atuação efetiva e o reconhecimento da área de Ouvidoria como parte estratégica, a qual viabiliza internamente as tomadas de decisões, contribuindo para o fortalecimento da imagem reputacional e valendo-se de fazer cumprir os valores da Companhia.

Diante desse cenário, a decisão foi integrar o Compliance à estrutura da Ouvidoria, distinguindo-se as atividades e construindo uma metodologia em que as áreas se complementassem no trabalho uma da outra, desmitificando, se assim podemos dizer, uma suposta "competição de mercado" entre estas e trazendo um cenário composto de convergência em objetivos e conceitos de Ouvidoria e Compliance.

Consideramos neste processo para a criação de uma metodologia coesa e funcional boas práticas a serem aplicadas entre as áreas, como: atuar no gerenciamento de riscos; estabelecer controles internos; prevenção a corrupção e fraudes; assegurar o cumprimento de regras, normativos internos, regulações e a legislação, isto significa a atuação pautada sob o gerenciamento das responsabilidades corporativas e sociais.

Para que tivéssemos as atividades e responsabilidades definidas a cada área, designamos: a **Ouvidoria** pela sua atuação primária de receptora e mediadora das demandas em última instância e em todo o processo de apuração e tratamento das demandas, bem como nos processos de investigações; o **Compliance** nas atividades desenhadas, aprimorando o acompanhamento para o desenvolvimento dos controles internos, gerenciamento da matriz de risco dentro da organização, acompanhamento e mapeamento das legislações vigentes ao negócio, bem como no processo de Segurança da Informação da companhia e gestão compartilhada da avaliação e monitoramento de fornecedores, prestadores de serviços e/ou terceiros e em conjunto, **Ouvidoria e Compliance**, a atuação no processo conceitual no que diz respeito a zelar pela conformidade nos processos e cumprimento das normas, políticas, regulamentos e legislação, processos de auditorias, resguardo da confidencialidade e sigilo, além de serem fomentadores para o processo de melhoria contínua e alimentar com informações os executivos, auxiliando na tomada de decisão, e ambas ficam com a gestão do Comitê de Integridade.

Destacamos ainda algumas outras vantagens que podemos garantir neste modelo de atuação, tais como:

- Contribuir para o aprimoramento contínuo das tomadas de decisões, para que estas sejam embasadas em situações críticas ou de risco, objetivando auxiliar no alcance dos interesses da empresa de médio e longo prazo;

- Restringir a probabilidade de ações negativas, intencionais ou não intencionais, por clientes internos sem distinção de cargo ou hierarquia;

- Proporcionar maior nível de transparência às questões financeiras e de impactos ao negócio aos Stakeholders; e

- Promover o tratamento igualitário, além de assegurar o cumprimento efetivo dos direitos de todos os públicos, interno, externo e dos acionistas.

E este conceito inovador de estruturação para implementação do Compliance possibilitou ainda aprimorarmos e desenvolvermos processos e projetos que contribuíram em melhorias, trazendo para a companhia exemplos de trabalhos com equipes multidisciplinares e como consequência aprimorando o conhecimento e engajamento dos profissionais de nossa empresa, fortalecendo o espírito de servir e colocando literalmente em prática: **PASCHOALOTTO: Especialistas em Relacionamento.**

Em seguida trazemos alguns projetos que foram desenvolvidos tomando como base todo o conceito de boas práticas de governança:

- Implantação do Programa de Integridade e Compliance;

- Piloto de Mapeamento de Controles Internos para geração da Matriz de Risco;

- Mapeamento, reestruturação e aprimoramento da Segurança da Informação com base na GDPR e LGPD;

- Centralização da análise dos subsídios para defesa das ações contrárias na equipe de Ouvidoria;

- Ouvidoria Yellow Belt (melhoria e maior assertividade do *mailing* para os acionamentos operacionais, com foco nas operações de recuperação de crédito);

- Célula Resolva Aqui - A Experiência do Cliente como forma de satisfação e redução das demandas de reclamação, seja internamente ou nos canais externos, como órgãos reguladores, mídias ou PROCONs;

- Criação do vídeo do material do Código de Ética e Conduta Paschoalotto.

Por fim, podemos dizer de forma simples e coloquial que o "casamento" entre **Ouvidoria e Compliance** contribui para que tenhamos de forma contínua a cultura de propositura de melhoria dos processos e aculturamento de todos os *stakeholders* para o tratamento e aceitação dos riscos, mediante as demandas recebidas e/ou identificadas, atuação e propagação dos valores da organização, além do respeito à legalidade, sigilo, ética e diversidade para que tenhamos a sustentabilidade do negócio.

Trabalhamos e prestamos o serviço de Ouvidoria da companhia e também como produto para o mercado, com conceito inovador, proporcionando a visão e entendimento de ser um agente de mudança, buscando soluções, pensando em todo o processo necessário de aplicabilidade, viabilidade econômica e atrelado à sinergia com cada negócio. Geramos assim um nítido engajamento, envolvimento e compromisso de todos e comprovamos a teoria: "Você defende e acredita naquilo que você ajuda a criar..." – Peter Drucker.

OUVIDORA

DENISE DE GODOI BERNARDO

Ouvidora na empresa Paschoalotto. Graduada em Administração pela Faculdade Anhanguera, certificada em Ouvidoria pela ABO – Associação Brasileira de Ouvidores. Membro do comitê de Ouvidorias Brasil pela ABRAREC – Associação Brasileira das Relações Empresa Cliente. Aprimoramento em Mediação de Conflitos. Atualmente atuando também na área de Compliance da Paschoalotto com cursos extracurriculares em Compliance.

Paschoalotto

Paschoalotto

Santander Brasil

O Santander Brasil iniciou suas atividades no País em 1982 e, entre fusões e aquisições de mais de 50 bancos, criou estruturas competitivas nas áreas de Banco Comercial, no qual atende pessoas físicas e pequenas e médias empresas, e Banco de Atacado, voltado a grandes empresas e mercado de capitais. É parte do Grupo Santander, o maior banco da Zona do Euro e o 11º maior conglomerado financeiro do mundo.

Único banco internacional com forte presença no País, conta com aproximadamente 48 mil funcionários e uma estrutura de mais de 3.500 agências e Postos de Atendimento Bancários (PABs), cerca de 36 mil equipamentos de autoatendimento, além de escritórios regionais para atender seus mais de 24 milhões de clientes ativos.

No último trimestre de 2018, o Banco registrou lucro líquido de R$ 12,4 bilhões e o maior ROE da história (21,1%). A participação do Brasil nos resultados globais representou o equivalente a 26% do lucro total do Grupo.

Nossa atuação está pautada em uma relação próxima e duradoura com Clientes, fornecedores e acionistas. Com isso, nosso propósito é contribuir para que as pessoas e os negócios prosperem. Somos um banco **simples, pessoal e justo**, com as seguintes prioridades estratégicas:

Aumentar a preferência e a vinculação dos clientes com produtos e serviços segmentados, simples, digitais e inovadores, por meio de uma plataforma multicanal.	Melhorar a rentabilidade, recorrência e sustentabilidade, crescendo nos negócios, com maior diversificação de receitas, considerando um equilíbrio entre crédito, captações e serviços. Ao mesmo tempo, manter uma gestão preventiva de riscos e um controle rigoroso de despesas.	Ter disciplina de capital e liquidez para conservar a solidez, enfrentar mudanças regulatórias e aproveitar oportunidades de crescimento.	Ganhar participação de mercado de forma rentável por meio de nosso robusto portfólio, otimizar o ecossistema e lançar novos negócios, melhorando continuamente a experiência dos nossos clientes.

Encerramos 2018 com um notável desempenho que pode ser atribuído ao crescimento da nossa base de Clientes, por meio da melhoria na experiência e satisfação, maior eficiência operacional e elevado nível de engajamento de nossos colaboradores, proporcionando a sustentabilidade do negócio.

CASE DA OUVIDORIA

RECLAMAÇÕES SÃO OPORTUNIDADES DE TRANSFORMAÇÃO CONTÍNUA

CENÁRIO

Nos últimos anos, o Santander Brasil impulsionou uma história de transformação que está revolucionando não só a indústria em que estamos, mas também o que as pessoas esperam e a forma como se relacionam com o seu Banco.

No cerne dessa revolução está um novo paradigma de trabalho, com inteligência, velocidade e pluralidade de talentos.

Intensificamos o nosso impacto. É assim que estamos desenvolvendo soluções que descomplicam o dia a dia. Olhamos para a vida das pessoas e como podemos acompanhar suas transformações. Por isso nosso conceito é uma pergunta **"O que a gente pode fazer por você hoje?"** Mais do que uma *tagline* é um novo sistema de pensamento que reforça o nosso papel de prestar serviço de qualidade.

Temos como propósito apoiar os nossos Clientes e Usuários de forma respeitosa, transparente para gerar maior proximidade e confiança. Diariamente a **Cultura de Servir** é fortalecida!

Todo o trabalho é voltado para ser um banco **Simples, Pessoal e Justo**, com serviços descomplicados, soluções que atendam às necessidades dos Clientes e que promovam negócios e relações que sejam bons para todos.

PAPEL DA OUVIDORIA NESSE CENÁRIO

A Ouvidoria Santander foi instituída em 2007 e tem papel fundamental na Organização, pois seu propósito incondicional é apoiar os Clientes e Usuários que já recorreram aos Canais Primários da Instituição e permanecem insatisfeitos com a solução apresentada. Atua, assim, **como a última instância de atendimento do Banco Santander.**

A Ouvidoria também atende aos consumidores que recorrem diretamente ao Banco Central e Órgãos de Defesa do Consumidor, porque prezamos sempre oferecer um atendimento de alta qualidade para diversos públicos.

De forma íntegra, respeitosa, com absoluta isenção, coerência e comprometimento, a Ouvidoria do Santander age também como mediadora de conflitos, analisando cada demanda de forma única, prezando sempre o direcionamento de uma solução concisa e sustentável tanto para o consumidor como para a Instituição.

Para que cada Cliente possa ter um atendimento diferenciado e personalizado, um único analista trata a demanda do início ao fim. Assim, é garantido que todo o relato e detalhes importantes transmitidos pelo consumidor sejam avaliados minuciosamente e que todos os esclarecimentos necessários sejam abordados.

Visando garantir um atendimento pleno, a Ouvidoria prepara seus profissionais, realizando cursos de capacitação e os mantendo atualizados com o objetivo de que o Cliente tenha uma experiência única e diferenciada.

Todo o modelo de atendimento e suporte necessário para um atendimento de excelência é revisado constantemente, priorizando sempre apoiar seus funcionários a fim de que o Cliente receba informações precisas, transparentes e soluções adequadas.

O resultado desse trabalho se mostra de forma evidente por meio da pesquisa de satisfação implantada por força da Carta Circular nº 3.880/2018. Esta circular dispõe sobre a implementação de instrumento de avaliação direta da qualidade do atendimento prestado pela Ouvidoria a Clientes e Usuários a partir de 01/07/2018. O resultado alcançado, com diversas avaliações positivas, demonstra que a Ouvidoria restabeleceu o elo de confiança desse Cliente com a Instituição.

PROBLEMA

As manifestações recebidas dos Clientes que acionam a Ouvidoria **são transformadas em insumos e oportunidades para impulsionar as inovações internas, incrementais, com foco na melhoria contínua da prestação de serviços e produtos**, além do aprimoramento de processos e alertar a Organização quanto a comportamentos preocupantes.

O Santander sempre manteve um olhar atento para a sua Ouvidoria. Reconhecemos o papel estratégico da área ao trazer para dentro do Banco a visão do Cliente. Ela atua como um ponto conciliatório entre o Banco e seus consumidores, posicionando-se além de um Órgão essencialmente de defesa. Enxergamos a Ouvidoria como um agente de transformação empoderado, que, **a partir da voz do Cliente, possibilita promover melhorias internas e aprimorar produtos**.

Aqui, todos os nossos funcionários são Ouvidores e desenvolvem planos de ação pautados nos acionamentos mais recorrentes dos consumidores.

Nosso propósito é criar soluções financeiras de forma **Simples, Pessoal e Justa,** colaborando para o desenvolvimento e prosperidade para toda a sociedade.

Criamos impacto positivo na vida das pessoas por meio de serviços inovadores, desafiando o mercado e inspirando nossos concorrentes a desenvolverem novos patamares de comprometimento e excelência.

DESAFIOS

Acreditamos na importância de processos que nos ajudem a tomar as melhores e mais integradas soluções no dia a dia em prol da resolução dos problemas de nossos Clientes no menor prazo possível.

Esse é o nosso desafio: **ser uma base processual para consolidar nossa missão**.

Temos a responsabilidade de atuar nos principais pontos da relação com o Consumidor, além de pautar e revisar etapas de desenvolvimento de produtos e serviços, direcionando para uma visão de excelência na jornada do Cliente e buscando sempre melhores resultados.

SOLUÇÃO

A mobilização da alta direção é essencial. Com o engajamento legítimo da Ouvidoria e da alta direção da Organização os planos de ação são impulsionados, o que viabiliza ações de fortalecimento da governança, balizando os passos futuros.

Realizamos também um constante reforço da Cultura Organizacional de conscientização: a cultura de servir e a preocupação em zelar pelos nossos Clientes de forma transparente.

METODOLOGIA UTILIZADA

A partir do mapeamento de situações e de estudos detalhados sobre cada ocorrência, **são definidos planos de ação para atacar com eficácia e agilidade o problema, além de contar com o acompanhamento diário e ajustes de rota quando necessários. Alguns exemplos da aplicação da metodologia são:**

- **Disponibilização de dispositivos que gerem mais segurança nas transações:** buscando sempre zelar por mais segurança nas operações por canal, existe uma recorrente expansão do processo de validação das transações pelo ID Santander para os canais Internet Banking e Central de Atendimento. O ID Santander é um dispositivo com tecnologia QR Code para autenticar transações com mais segurança.

- **Lançamento do Santander Pass,** uma nova versão do cartão que utiliza a tecnologia NFC (Near Field Communication) para possibilitar o pagamento por aproximação sem a necessidade de senha para transações menores que R$ 50,00. Para transações acima desse valor, é necessária a digitação de senha; desta forma garantimos maior segurança e comodidade ao realizar as transações, sem necessidade de uso do cartão físico.

- **Lançamento do cartão virtual:** criado para aumentar a segurança e a comodidade nas compras em lojas virtuais e aplicativos, uma vez que o código de segurança (CVV) se altera periodicamente.

RESULTADO

Trabalhamos constantemente na melhoria de processos junto às áreas internas e também aos órgãos reguladores para solucionar os problemas dos nossos Clientes no menor prazo possível.

Hoje, a nossa Ouvidoria atende às demandas dos nossos Clientes em média de 3 dias úteis, superando o que determina a regulamentação no que tange ao prazo de solução de demandas – que é de 10 dias.

Nossa preocupação com a satisfação do Cliente é constante, desde novembro de 2018 somos **o Banco pioneiro** em oferecer horário de atendimento de 12 horas, das 8h às 20h, pois entendemos que a maioria dos **Clientes não tem disponibilidade** para resolver suas pendências financeiras em horário comercial.

Uma medida simples, **sem aumento de custo interno**, deu oportunidade para 2,2 mil novos Clientes acionarem o Banco, nos dando mais uma chance de solucionar seus problemas.

CONCLUSÃO

Nós, da Ouvidoria Santander, entendemos o papel transformador e fundamental da área na mobilização de toda a organização em prol do Cliente.

Este relato reflete o compromisso do Santander e da Ouvidoria com o primor no atendimento aos clientes, pois sabemos da nossa responsabilidade no sistema financeiro e a cada dia nos empenhamos em fortalecer a confiança em nós depositada.

Valorizamos o bom relacionamento com nossos Clientes e, aplicamos processos de melhoria contínua na evolução de produtos e serviços. Esses avanços são dedicados a atender as necessidades de nosso público, cada vez mais exigente e digital.

Acreditamos na utilização consciente das novas tecnologias, esclarecendo e orientando corretamente os que nos escolhem todos os dias, e nos empenhamos em oferecer serviços mais simples e ágeis.

A Ouvidoria do Santander entende a sua importância e o papel transformador que desempenha na mobilização de toda a Organização em prol do Cliente, com isenção e imparcialidade, sendo um representante dos interesses dos Clientes, fazendo de cada reclamação uma oportunidade de transformação para oferecer a eles uma experiência única de atendimento!

OUVIDORA

MONIQUE BERNARDES

Advogada, especialista em Direito do Consumidor e Marketing.

Atuação no sistema financeiro por mais de 20 anos, passando por instituições como Banerj, Unibanco, Banco Real e Santander.

Prêmio ABT: foi eleita em 2018 a Executiva do Ano pelo voto popular.

Santander Brasil

 Santander

são francisco

Grupo São Francisco

Com mais de 70 anos de história, o Grupo São Francisco é um dos maiores grupos de saúde do Brasil. Composto pelas empresas São Francisco Saúde, 4ª maior operadora de medicina de grupo do País; São Francisco Odonto, que está entre as duas melhores operadoras de planos odontológicos do Brasil; São Francisco Resgate, líder nacional de resgate rodoviário e com atuação no Aeroporto de Guarulhos, e a São Francisco Saúde Ocupacional. O Grupo dispõe ainda de sete hospitais próprios nas cidades de Ribeirão Preto, Sertãozinho, Araraquara, Piracicaba, Bauru, Lins e Quirinópolis.

CASE DA OUVIDORIA

OUVIDORIA, UMA FONTE VALIOSA DE INFORMAÇÕES PARA O CRESCIMENTO DO NEGÓCIO

SUMÁRIO EXECUTIVO

Buscando novos desafios para consolidação da marca em todos os aspectos, a São Francisco Saúde, uma das empresas que compõem o Grupo São Francisco, iniciou em 2017 sua atuação na região de Piracicaba/SP, incorporando em torno de 41,5 mil beneficiários.

Toda absorção de carteira conta com dificuldades geralmente previstas pela equipe de aquisições. No entanto, essa cidade nos trouxe algumas mais peculiares, que acarretaram em um aumento da demanda em nossos canais de atendimento ao cliente e mídias sociais. As principais queixas estavam associadas a solicitações de agendamento e processos de BackOffice, tais como fatura, coparticipação, exclusão, negativas, entre outras.

Essas dificuldades ocorreram devido à diferente forma de operar entre a São Francisco Saúde e a operadora anterior. A mudança gerou um choque entre os novos clientes, que passaram a registrar em torno de 900 manifestações por dia. Isso trouxe um crescimento exorbitante de reclamações à Agência Nacional de Saúde (ANS), causando riscos consideráveis, como a possível suspensão de comercialização de planos, assim como multas regulatórias de até R$ 250 mil.

A Ouvidoria, como de costume, realizou estudos de demandas da operadora para identificar todas as pendências e os setores responsáveis por elas. Dessa forma, foi implantado um painel online de acompanhamento semanal para sinalizar a diretoria quanto às ações que deveriam ser tomadas.

Essa iniciativa nos permitiu priorizar aqueles clientes e diminuir o impacto das reclamações à São Francisco Saúde.

CENÁRIO

O São Francisco é um dos maiores grupos de saúde do país, presente em todos os estados e no Distrito Federal. O Grupo Empresarial, que possui 73 anos de experiência em saúde, compreende a operadora médica São Francisco Saúde, com atuação em seis estados – SP, MG, MS, MT, GO e PR – e oferece planos de saúde individuais, familiares e empresariais; a São Francisco Odonto, a segunda melhor operadora de planos odontológicos do país; a São Francisco Resgate, a maior empresa de resgate rodoviário do Brasil, com atuação em rodovias e aeroportos, e a São Francisco Ocupacional.

A missão do Grupo São Francisco é disponibilizar continuamente, com qualidade, flexibilidade e rentabilidade, soluções em saúde que proporcionem melhor qualidade de vida aos seus clientes. O gestor responsável é o presidente Lício Cintra.

Com mais de 220 hospitais credenciados e acima de 6 mil prestadores, a empresa atende cerca de 1,5 milhão de beneficiários que contam com uma estrutura de mais de 110 unidades próprias, divididas em ambulatoriais, hospitalares, laboratoriais, comerciais, emissões de guias e administrativas.

O São Francisco é pioneiro na área de tecnologia para área da saúde e, no ano de 2018, conquistou o 3º lugar no Prêmio Valor Inovação Brasil para o seu setor, promovido pelo jornal *Valor Econômico*. Além disso, a São Francisco Saúde recebeu o selo Great Place to Work® Brasil 2018 na categoria empresa de grande porte, sendo a única operadora da área de saúde reconhecida entre as melhores empresas para se trabalhar.

Além disso, as empresas que compõem o Grupo foram as primeiras em seus segmentos com certificado de combate à corrupção no Brasil, a DCS 10.000. A acreditação direciona as companhias que buscam um mecanismo legítimo de prevenção e detecção de atos ilícitos, ou contrários aos princípios da ética e das leis vigentes, como fraudes, atos de corrupção ou que vão contra a Administração Pública.

A Ouvidoria do Grupo foi implantada em 2011 com consultoria do Instituto Ibero Brasileiro de Relacionamento com o Cliente (IBRC), a fim de proporcionar um atendimento de excelência aos beneficiários por meio de um canal exclusivo de relacionamento, estruturado para receber e responder reclamações, informações, sugestões, críticas e elogios acerca dos produtos e serviços oferecidos.

O principal objetivo é esclarecer os direitos e deveres a todos os beneficiários do Grupo, sendo que o setor conta com uma equipe especializada que atua com total independência, imparcialidade e transparência, com foco voltado à prevenção e solução de situações.

A Ouvidoria atua no aprimoramento contínuo da qualidade dos serviços prestados e, para tanto, deve ser acionada apenas como último recurso para solução de algum problema ou conflito com a empresa.

A Missão da Ouvidoria São Francisco é oferecer ao beneficiário um canal de atendimento eficiente, ágil, transparente, ético e imparcial, proporcionando ações de aperfeiçoamento constante nos processos de trabalho do Grupo.

O setor busca contribuir para o alcance da excelência nos serviços prestados pelo Grupo São Francisco, atuando como agente de satisfação no atendimento ao cliente.

Organograma Institucional – Ouvidoria

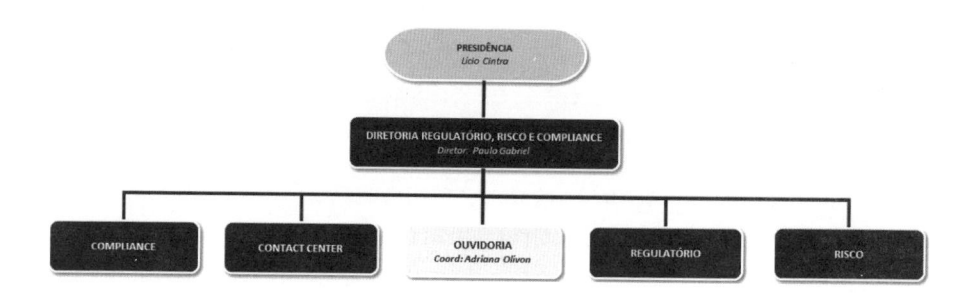

```
                    PRESIDÊNCIA
                     Licio Cintra
                         |
        DIRETORIA REGULATÓRIO, RISCO E COMPLIANCE
                  Diretor: Paulo Gabriel
        |           |            |            |           |
   COMPLIANCE  CONTACT CENTER  OUVIDORIA  REGULATÓRIO  RISCO
                            Coord: Adriana Olivon
```

PROBLEMA

Para crescimento de uma Operadora de Saúde, a aquisição de novas carteiras é fundamental na expansão de mercado. Buscando novos desafios para consolidação da marca em todos os aspectos, a São Francisco Saúde investiu em 2017 na busca de novas empresas do mesmo segmento.

Em junho daquele ano, a operadora iniciou sua atuação na região de Piracicaba/SP, incorporando à empresa aproximadamente 41,5 mil beneficiários, distribuídos nos polos de Campinas e Piracicaba.

Como toda absorção de carteira, além dos problemas já previstos pela equipe de aquisições, houve alguns mais peculiares que não eram esperados, gerando volume de demanda em nossos canais de atendimento (SAC/Ouvidoria e Centrais de Agendamento), bem como mídias sociais. As principais queixas estavam associadas a solicitações de agendamento e processos de BackOffice, tais como fatura, coparticipação, exclusão, negativas, entre outras.

Por se tratar de uma cidade pequena, a antiga operadora permitia que diversos serviços fossem realizados no mesmo setor, enquanto o Grupo São Francisco tem por hábito oferecer unidades específicas para cada função, seja emissão de guias, agendamento de consultas ou pagamento de faturas. Esta maneira de trabalhar causou um choque entre os beneficiários, que estranharam as mudanças e passaram a realizar as reclamações.

Com isso, também foi notado um aumento no número de Notificações de Intermediação Preliminar (NIP). A NIP é o instrumento utilizado pelos beneficiários para registrar na Agência Nacional de Saúde (ANS) uma reclamação contra a operadora. O crescimento exorbitante das NIPs trouxe altos riscos para a São Francisco Saúde, dentre eles, a possível suspensão de comercialização de planos, bem como multas regulatórias que variam de R$ 80 mil a R$ 250 mil.

DESAFIO

O volume gerado por Piracicaba estava diluído dentro dos demais locais em que o Grupo atua, impossibilitando a primeiro impacto o direcionamento da atenção e dos esforços. Por dia, eram realizadas quase 900 manifestações referentes apenas à cidade e, no início, foi necessário que a Ouvidoria avaliasse uma a uma para identificar o problema e qual setor precisaria ser acionado para levar melhoria ao beneficiário.

Foi a partir das manifestações pendentes que a Ouvidoria conseguiu trabalhar numa solução. Era preciso entender por que elas estavam pendentes e quais eram os setores responsáveis por aquelas reclamações. Assim, com as informações coletadas e analisadas, um painel era atualizado aos gestores, que encaminhavam às áreas responsáveis.

Como rotina da Ouvidoria do São Francisco, foram realizados estudos de demandas da operadora para identificar possíveis *gaps* no processo interno com o intuito de ter uma atuação preditiva dentre todas as oportunidades que pudessem ocorrer.

Diante desse cenário, foi constatado, através de uma análise, a dimensão de volume que essa carteira estava gerando dentro do Grupo, comprometendo a imagem e a credibilidade da operadora médica.

Além de conseguir separar as manifestações referentes àquela cidade das realizadas nos outros pontos de atuação do São Francisco, um dos maiores desafios era controlar e diminuir a quantidade de NIPs registradas na ANS.

SOLUÇÃO

A Ouvidoria, então, realizou o estudo dos principais aspectos e impactos que esta nova aquisição estava gerando ao Grupo São Francisco. De posse destes resultados, foi implementado um Painel *(dashboard disponível na rede e e-mail, com as principais análises e gráficos)* de acompanhamento semanal com foco em direcionar a diretoria responsável nos esforços e *backlogs* da área, a fim de minimizar a demanda gerada, reduzindo custos operacionais redundantes e, por consequência, aumentando a satisfação do beneficiário.

Outra medida tomada foi a implantação de uma Ouvidora *in loco* no município, tornando possível centralizar todas as queixas e, imediatamente, repassá-las aos gestores responsáveis.

O fundamental para resolução deste problema consistiu na análise criteriosa dos dados levantados, na elaboração e implementação de um painel sistematizado semanalmente com os principais *gaps* dos processos levantados através dos registros de manifestações nos canais de atendimento ao beneficiário.

A Ouvidoria São Francisco possui uma linha de trabalho direcionada ao acolhimento dos clientes externos e internos. Tendo por base esta afirmação, logo que o problema foi identificado, a Ouvidoria tomou a liberdade de realizar algumas reuniões de *brainstorm* com todas as áreas envolvidas direta ou indiretamente ao problema.

Considerando-se a criticidade do problema e a confiabilidade dos dados levantados, a informação foi bem aceita por todos os envolvidos e a proposta de implementação do painel sensorial para o direcionamento dos esforços foi prontamente aceita e implementada.

Com a criação do painel, foram geradas ações de contenção e correção nos *gaps* que a nova regional continha, reduzindo a volumetria de registro de manifestação nos principais canais de atendimento da empresa e o risco de processos nos órgãos reguladores, trazendo a área à normalidade.

METODOLOGIA UTILIZADA

Os trabalhos foram divididos em algumas metodologias similares para o alcance do resultado. No princípio, foi elaborado um relatório estruturado com o Setor de Agendamento, SAC e Ouvidoria. Após a elaboração do relatório, ocorreram as seguintes análises: Volume, Tema, Tipo de Agendamento e Especialidades, quantidade de Reclamações em Órgãos Reguladores, Procedência da Manifestação e impacto nos canais de entrada.

Em seguida, foi estruturado um painel (*dashboard*) contendo as análises principais que seria enviado por e-mail semanalmente, ficando disponível para os gerentes entenderem quais questões precisavam de atenção. Atualizado duas vezes na semana, às terças-feiras a reclamação era enviada para direcionamento das áreas e, às sextas, ocorria uma reunião para mostrar o impacto das ações tomadas e *benchmark* com as semanas anteriores.

Isso permitia que o gerente identificasse o problema e entendesse como ele foi solucionado, de forma que o auxiliava a planejar ações para diminuir as chances de incidências.

Esse trabalho foi desenvolvido durante três meses. O primeiro período foi o de maior impacto, o restante serviu para controlar a situação e confirmar se a interrupção do envio do painel traria problemas. A implantação levou um mês e meio, sendo que o meio de controle ocorreu também após um mês e meio. Assim, os clientes que registravam queixas passavam a ter prioridade, diminuindo o impacto das reclamações à empresa.

RESULTADOS

Esse painel criado detalhadamente só para Piracicaba permitiu um conhecimento maior de todos os pontos que precisavam de cuidado. Após a queda no volume das manifestações nos canais de atendimento, o painel foi mantido até final de setembro para controle do resultado obtido e para consolidá-lo.

O método implantado pela Ouvidoria resultou em reduções significativas e, ao final de três meses, notou-se a redução de 75% das manifestações pendentes, 77% dos agendamentos sem disponibilidade, 78% das reclamações feitas à ANS e 52% das manifestações em redes sociais.

OUVIDORA

ADRIANA ROBERTO DO NASCIMENTO OLIVON

Graduada em Administração de Empresas, pós-graduada em Recursos Humanos e com MBA em Gestão de Projetos pela FGV, e certificada pela ABO (Associação Brasileira de Ouvidoria).

Iniciou sua carreira no segmento de Ouvidoria em empresa multinacional de telecomunicações há 15 anos e atua como ouvidora do Grupo São Francisco desde 2011.

TecBan – Tecnologia Bancária S.A.

Fundada em 1982, a TecBan (Tecnologia Bancária S.A.) é uma empresa especializada na gestão de redes de autoatendimento bancário. Atua como a rede externa dos bancos e é reconhecida por seus elevados índices de disponibilidade, qualidade e segurança.

Com o objetivo de atender às constantes evoluções do mercado e às necessidades dos bancos, estabelecimentos comerciais e consumidores, a TecBan oferece um portfólio completo por meio dos seus negócios: Banco24Horas, Banco24Horas Exclusivo, Banco24Horas +varejo, ATMManager, Compartilhamento de Redes, Switch Interbancos, além de soluções inovadoras de Branch Transformation, Gestão do Ciclo do Dinheiro e Transformação Físico Digital.

São mais de 23 mil Banco24Horas instalados em todo o país em supermercados, rodoviárias, shoppings, postos de gasolina, entre outros comércios. Eles contribuem para o acesso da população bancarizada, desenvolvimento das cidades e aumento do fluxo de clientes e de vendas nos locais em que estão presentes.

CASE DA OUVIDORIA

SATISFAÇÃO DE CLIENTES COMO DIRECIONADOR ESTRATÉGICO

Implantada em julho de 2009, a Ouvidoria da TecBan nasceu com o propósito de apoiar os bancos no atendimento de seus clientes e melhorar cada vez mais a qualidade de serviços e processos.

Em 2011, a Ouvidoria expandiu seu atendimento para os consumidores e estabelecimentos comerciais parceiros do Banco24Horas.

Outro marco importante ocorreu em 2017, período em que a Ouvidoria ampliou o canal para fornecedores e funcionários, com o objetivo de conhecer as necessidades destes públicos e identificar oportunidades.

Os processos da Ouvidoria da TecBan estão adequados às boas práticas de gestão. Todos os profissionais da área são certificados por instituições renomadas.

A Ouvidoria da TecBan está ligada à Diretoria Geral da empresa e participa periodicamente das reuniões de negócios, contribuindo com a visão do cliente, melhoria de processos e o gerenciamento dos riscos. É a responsável por promover as pesquisas de satisfação dos clientes: instituições financeiras, consumidores e estabelecimentos comerciais (parceiros da TecBan).

DESAFIO

Ao se consolidar como a rede externa de autoatendimento dos bancos, por meio do Banco24Horas, a TecBan buscou aprimorar ainda mais o atendimento aos seus clientes e reavaliar processos e metodologias existentes.

Com a estratégia de expansão do Banco24Horas, tornou-se necessário garantir o elevado índice de qualidade dos serviços prestados pela TecBan para as instituições financeiras, consumidores e estabelecimentos comerciais. A satisfação dos clientes compõe um dos principais indicadores da empresa, o que reforça o compromisso da TecBan com as entregas dos acordos estabelecidos.

SOLUÇÃO E METODOLOGIA UTILIZADA

A Ouvidoria identificou os atributos que impactam diretamente na satisfação dos clientes do Banco24Horas, considerando os resultados obtidos pelas pesquisas de satisfação das instituições financeiras e dos consumidores.

A pesquisa de satisfação das instituições financeiras é realizada anualmente em outubro, com a participação de cerca de 100 profissionais indicados de 30 Instituições Financeiras. A participação é voluntária e conta com aproximadamente 80% de adesão.

Já a pesquisa de satisfação dos consumidores ocorre anualmente no período de julho a setembro, com a participação de 10 mil pessoas das principais capitais brasileiras.

Para a definição dos planos de ação, a Ouvidoria convoca um grupo de trabalho multidisciplinar, que tem a participação de seis diretorias, 12 áreas e mais de 40 gestores. Entre as áreas destacamos: atendimento a clientes, escritório de processos, projetos, produtos, segurança, operações, relacionamento, comunicação e TI.

São estabelecidas reuniões periódicas com o grupo de trabalho e envio de reports para a Diretoria da empresa. Como etapa complementar do processo, são realizados acompanhamentos das percepções dos clientes por meio dos gestores de relacionamento, que colhem inputs e tendências relacionadas à satisfação. O resultado desse trabalho contribui com a geração de novas ações e planos de melhorias.

Para a gestão mensal dos planos de ação, a Ouvidoria, em parceria com a área de Qualidade, desenvolveu um painel de monitoração da satisfação de clientes, contemplando os indicadores de desempenho dos processos envolvidos e a gestão da implementação das ações definidas.

Quantidade de planos de ações elaborados pelas áreas responsáveis:

Satisfação de Clientes | Período 2016 a 2018

Frentes de Trabalho:
- Adequações de processos de atendimento
- Revisão de processos relacionados com controle de numerário
- Otimização de processos relacionados com desenvolvimento de Produtos
- Melhoria em processos que impactam a disponibilidade do ATM
- Capacitação de técnicos de campo
- Ampliação da segurança física e lógica

145 ações de melhoria

A satisfação dos clientes é um tema frequente discutido na empresa, por isto não foi escolhida uma metodologia específica para trabalho e sim uma combinação entre PDCA, Six Sigma, BSC, Gestão à Vista e Gestão por Indicadores. Estas ferramentas possibilitam análises considerando o ponto mais importante que é "ouvir o cliente e estar mais próximo dele".

RESULTADOS ALCANÇADOS

Nas pesquisas de satisfação realizadas com as instituições financeiras, foi possível confirmar o aumento no nível de satisfação dos clientes quanto ao produto Banco24Horas.

Já nas pesquisas de satisfação com consumidores, os resultados registraram mudanças no patamar de avaliação do NPS (Net Promoter Score), saindo da zona de melhoria para a de qualidade, conforme demonstrado a seguir:

Resultados Pesquisas de Satisfação
GRAU DE SATISFAÇÃO E NPS

Apesar do aumento do volume de transações do Banco24Horas registrado nos últimos anos, os volumes de acionamentos nos canais de atendimento da empresa reduziram-se significativamente, conforme demonstrado a seguir:

Foco na qualidade e nos resultados 2015 – 2018

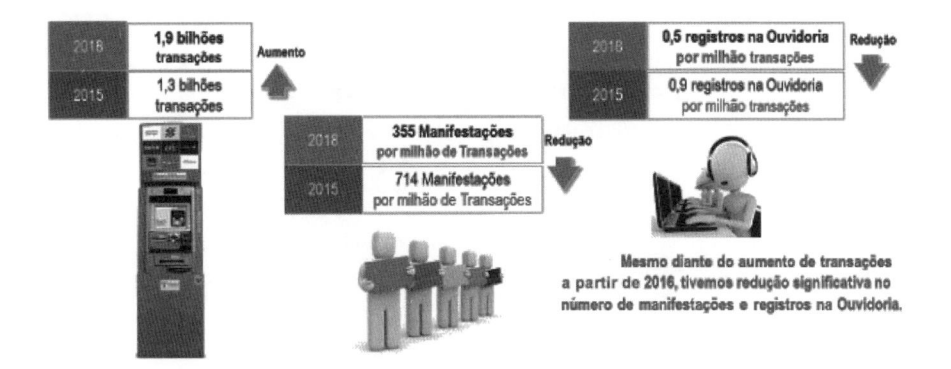

	2018	1,9 bilhões transações	Aumento
	2015	1,3 bilhões transações	

	2018	355 Manifestações por milhão de Transações	Redução
	2015	714 Manifestações por milhão de Transações	

	2018	0,5 registros na Ouvidoria por milhão transações	Redução
	2015	0,9 registros na Ouvidoria por milhão transações	

Mesmo diante do aumento de transações a partir de 2016, tivemos redução significativa no número de manifestações e registros na Ouvidoria.

As pesquisas de satisfação comprovam a eficiência da TecBan no cumprimento de suas metas e o acerto da estratégia de relacionamento com seus principais públicos. Mais do que números, os indicadores reforçam os benefícios da TecBan para todo o sistema - clientes, bancos, estabelecimentos comerciais e sociedade.

Diante do cenário de grandes projetos e consolidação de um ciclo de crescimento da empresa, a Ouvidoria TecBan reforça o compromisso de exercer o papel vigilante da qualidade do atendimento prestado, incentivando boas práticas em todo o processo da cadeia de relacionamento com os clientes.

OUVIDORA

ANGELICA CAMACHO

É superintendente de Gestão Corporativa e Ouvidora da TecBan, atua como representante dos clientes internos e externos, mobilizando as áreas na condução de planos de ação para melhoria dos processos e produtos. É graduada em Engenharia de Produção pela FEI (Faculdade de Engenharia Industrial), com especialização em Qualidade e Produtividade pela FCAV/USP (Fundação Carlos Alberto Vanzolini/Universidade de São Paulo) e MBA em Gestão Empresarial pela FGV (Fundação Getulio Vargas). Atua há mais de 20 anos na gestão de relacionamento com clientes e há sete anos na governança dos processos, gestão de riscos e projetos corporativos.

TecBan

Unimed do Brasil

A Unimed do Brasil - Confederação Nacional das Cooperativas Médicas é a responsável institucional pelo Sistema Unimed, representando as 345 cooperativas médicas. Fundada em 1975, tem a incumbência de zelar pela marca Unimed e conduzir as cooperativas rumo à sustentabilidade econômico-financeira, fornecendo orientação, consultoria, inteligência de mercado e serviços em temas como gestão, finanças, práticas de sustentabilidade, tecnologia da informação, comunicação, Marketing, atenção à saúde, questões jurídicas, auditoria e regulação em saúde, entre outros. A Confederação também coordena o maior diferencial da marca Unimed, o Intercâmbio Nacional.

CASE DA OUVIDORIA

PROGRAMA OUVIDORIA DE EXCELÊNCIA DO SISTEMA UNIMED

O SISTEMA UNIMED E A UNIMED DO BRASIL

O Sistema Unimed está presente em 84% do território nacional, formado por 345 cooperativas médicas, conta com mais de 114 mil médicos cooperados, e atende cerca de 18 milhões de beneficiários. No mercado de saúde suplementar, atualmente, as cooperativas Unimed detêm 37% de participação. Pelo 26º ano consecutivo, desde 1993, a Unimed lidera o prêmio Folha Top of Mind, na categoria plano de saúde, como a marca mais lembrada pelos brasileiros entrevistados pelo Instituto Datafolha.

A Confederação Nacional das Cooperativas Médicas – Unimed do Brasil foi fundada em 28 de novembro de 1975 para ser a representante institucional das cooperativas Unimed. A organização é responsável pela governança, reputação e uso da marca Unimed em âmbito nacional. Sua missão é integrar o Sistema Unimed, fortalecendo os princípios cooperativistas e valorizando o trabalho médico. Para tanto, representa as Unimeds perante o poder público, órgãos reguladores e entidades do setor de saúde, promove e dissemina as melhores práticas de gestão, sempre em busca da excelência na prestação dos serviços, pautando-se pela ética e transparência, no comprometimento com os cooperados, colaboradores, clientes e a sociedade.

A Unimed do Brasil coordena um dos principais diferenciais do Sistema Unimed, conhecido como Intercâmbio Nacional, que ocorre por meio do atendimento de um cliente de uma Unimed por outra, segundo as regras e coberturas do plano de saúde contratado. Também é atribuição da Confederação atuar em prol da sustentabilidade econômico-financeira das Federações e Singulares Unimed, por meio de consultorias e serviços institucionais.

AGÊNCIA REGULADORA

A Resolução Normativa nº 323/2013, regulamentada pela Agência Nacional de Saúde (ANS), determina que compete às operadoras de planos de saúde disponibilizarem uma unidade organizacional específica de ouvidoria, de fácil acesso aos seus beneficiários.

De acordo com a ANS, o objetivo de uma ouvidoria na saúde suplementar é fazer com que haja um canal efetivo de comunicação entre a operadora e os consumidores, inclusive quando se trata de mediação de conflitos. Além dessa interlocução, a ouvidoria deve propor à alta direção da organização medidas corretivas ou de melhoria de processos e rotinas, em decorrência da análise das manifestações dos beneficiários.

Assim, espera-se que a ouvidoria privada no setor de saúde suplementar seja um canal de comunicação adicional colocado à disposição dos beneficiários de planos privados de assistência à saúde para receber, registrar, instruir, analisar e dar tratamento formal e adequado às reclamações sobre produtos e serviços das operadoras que não forem solucionadas pelo atendimento habitual realizado por suas unidades de atendimento, presenciais ou remotas. (ANS, 2013)

OUVIDORIA INSTITUCIONAL NA UNIMED DO BRASIL E PROGRAMA OUVIDORIA DE EXCELÊNCIA

Hierarquicamente vinculada à alta direção da Confederação, a área de Ouvidoria Institucional da Unimed do Brasil foi criada em 2013, após a divulgação da RN nº 323, com o objetivo de direcionar e acompanhar reclamações, denúncias e sugestões de Unimeds. Para promover a convergência e qualificação das áreas das ouvidorias do Sistema Unimed, e como uma de suas primeiras ações, instituiu um comitê de ouvidores das Unimeds operadoras de planos de saúde.

Durante a realização das atividades desse comitê de ouvidores, ao longo dos anos, e pela análise dos indicadores do REA – Relatório Estatístico e Analítico/ANS, notou-se haver a necessidade de elevar a padronização e orientação das Ouvidorias do Sistema Unimed, a fim de direcionar e fortalecer a atuação estratégica dessas áreas. Com total apoio da Diretoria Executiva, foi aprovada a elaboração de um projeto de Estruturação e Modelagem das Ouvidorias do Sistema Unimed, cujo objetivo principal seria desenvolver um modelo referencial para o Sistema Unimed, visando propor soluções para problemáticas estruturais, e reforçar seu papel como instrumento de apoio para uma boa governança e gestão das Unimeds. Para tanto, a consultoria IBRC (Instituto Ibero Brasileiro de Relacionamento com o Cliente) foi contratada para realizar um profundo mapeamento das ouvidorias do Sistema Unimed e, por fim, auxiliar na construção desse modelo referencial.

Dentro do escopo do Projeto de Estruturação e Modelagem das Ouvidorias do Sistema Unimed estavam previstos os seguintes entregáveis:

- **Amplo e profundo diagnóstico** sobre a estrutura e funcionamento das ouvidorias do Sistema Unimed, para confrontar com os melhores modelos teóricos, com as melhores práticas nacionais e internacionais, a fim de criar um **modelo estruturado de Ouvidoria**.

- **Proposta de modelagem** capaz de atender o Sistema Unimed, considerando suas especificidades, tais como porte das operadoras, regionalidades, modelo de governança e desafios básicos identificados durante o diagnóstico. A modelagem proposta deve ser **eficaz para aprimorar as ouvidorias** existentes, visando **agregar valor ao negócio**, e não somente para atender à Resolução 323 da ANS.

- **Referencial** com formato e sinalização dos **módulos necessários, desejáveis e excelência,** que auxilie as ouvidorias a se tornarem **ferramenta estratégica da gestão**, atuando para o acolhimento dos clientes no Sistema Unimed, evitando que busquem atendimento fora da operadora, seja na mídia, na agência reguladora, nos órgãos de defesa do consumidor ou no Judiciário. Para geração de valor, o referencial apontará caminhos para atuação preventiva, por meio da identificação de causas-raízes das demandas, base para propostas de melhoria contínua de processos, que sejam capazes de evitar recorrência de demandas.

Durante a etapa diagnóstica foram realizadas 14 visitas estruturadas às ouvidorias de Unimeds distribuídas por portes e regiões, realizadas pesquisas online com todos os ouvidores do Sistema Unimed, pesquisas com gestores das demais áreas das Unimeds, e, por fim, pesquisa com beneficiários que tiveram contato com a ouvidoria nos últimos 12 meses.

O diagnóstico inicial trouxe resultados que ratificaram a percepção de que o projeto seria um dos caminhos para resolver vários problemas estruturais.

Entre os resultados do diagnóstico chamou bastante atenção a apuração do indicador NPS (Net Promoter Score) – medição da fidelidade dos beneficiários, segmentando-os em promotores e detratores da marca, e neutros. Para a coleta desses dados, os beneficiários foram questionados: "Você indicaria a ouvidoria de sua Unimed a um parente ou amigo?" (Opções de respostas: nota de 0 a 10, no qual 0 é "nem um pouco provável" e 10 é "altamente provável").

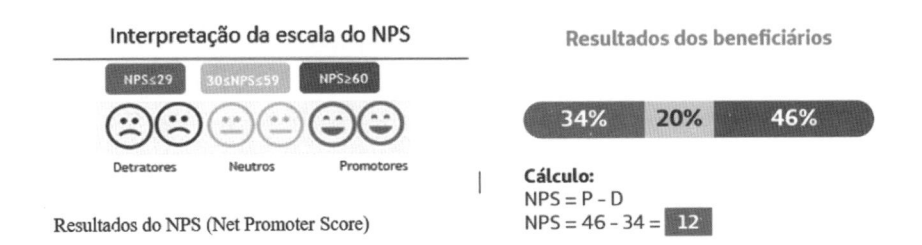

Interpretação da escala do NPS

NPS≤29 | 30≤NPS≤59 | NPS≥60
Detratores | Neutros | Promotores

Resultados do NPS (Net Promoter Score)

Resultados dos beneficiários

34% | 20% | 46%

Cálculo:
NPS = P - D
NPS = 46 - 34 = 12

O resultado do NPS, além de não ser satisfatório, apontou volume elevado de detratores, o que influencia diretamente no cálculo final do indicador NPS, pois 34% dos beneficiários citaram nota baixa (de 0 a 6) para a possibilidade de indicar a ouvidoria da sua operadora.

Esses dados, somados à crescente judicialização do setor e potenciais situações de crise que podem atingir a imagem do Sistema Unimed, só reforçou a necessidade de propor uma atuação mais eficaz das ouvidorias, para reverter de forma rápida o quadro de insatisfação dos beneficiários.

Outras informações do diagnóstico evidenciaram níveis diferentes de percepções, explicitando desalinhamento entre a visão daqueles que estão e fazem parte da operadora – sejam gestores ou ouvidores – e dos que estão fora da operadora, no caso os beneficiários.

Com base nos diversos itens levantados no diagnóstico, identificaram-se os pontos mais relevantes e o nível de urgência das problemáticas a serem abordadas no modelo referencial para as ouvidorias.

A subordinação das ouvidorias às áreas de conflito de interesse, como assessoria jurídica, área de relacionamento com o cliente, ou área de autorização, além de infringir a normativa da ANS, dificulta que o trabalho da ouvidoria seja realizado com imparcialidade. Fora isso, o acúmulo de função dos ouvidores com atividades dessas áreas de conflito também passou a ser um dos focos do desenvolvimento desse modelo.

A constatação de que os processos e procedimentos da ouvidoria não estavam descritos, não havendo consolidação das demandas, ausência de indicadores e relatórios gerenciais que auxiliam a subsidiar análises para melhorias dos processos, também foi incrementada ao desafio.

Nesse sentido, entre os focos do projeto de estruturação e modelagem das ouvidorias do Sistema Unimed estava a necessidade de auxiliar e empoderar essas unidades, dando subsídios estruturais e informações para torná-las parte essencial da gestão da operadora. Na composição do modelo, ainda, foram inseridas particularidades do Sistema Unimed, seja no que tange ao porte da operadora ou a sua região de localização.

Resumindo, o grande desafio desse projeto seria transformar ouvidorias que existiam apenas para cumprir a normativa da ANS em unidades estruturadas, empoderadas e com operação efetiva e estratégica.

Assim, a Unimed do Brasil, cumprindo seu papel institucional, com o apoio do corpo diretivo e do comitê de ouvidores, criou o **Programa Ouvidoria de Excelência**, para disseminar um modelo de referência para as ouvidorias do Sistema Unimed, que estabelece uma visão estratégica para a área, reforça seu papel como instrumento de apoio para a boa governança, além de atender à Resolução Normativa (RN) nº 323/13, da Agência Nacional de Saúde (ANS).

Por meio do Programa, a Confederação se propõe a orientar as ouvidorias do Sistema Unimed para uma atuação estratégica, como unidades defensoras da melhoria contínua, não apenas resolvendo as situações pontuais, mas para buscar a mitigação dos desafios estruturantes apontados no diagnóstico, e assim evitar reincidências. Em contrapartida, os benefícios desejados, após a implantação, são fidelização e satisfação dos clientes, melhor atuação das ouvidorias para prevenção de Notificações de Investigação Preliminar (NIPs) e diminuição de litígios, que vão, por fim, contribuir para a sustentabilidade do negócio.

Principais temas e ferramentas abordados no **Programa de Excelência**:

- Perfil e atribuições do ouvidor e equipe;
- Estruturação de canais de relacionamento;
- Infraestrutura necessária para a área de ouvidoria;
- Regras para tratativa e escalada das demandas;
- Concessão como estratégia e mensuração de risco;
- Estabelecer ações de melhoria de processos e medidas de prevenção;
- Definição de métricas e geração de relatórios de indicadores de desempenho;
- Atuação das ouvidorias no monitoramento dos canais externos;
- Aumentar o nível de penetração e trânsito nas áreas internas da operadora;
- Melhorar a comunicação interna e externa da ouvidoria;
- Tornar o monitoramento contínuo uma realidade;
- Leis e normas relacionadas à ouvidoria;
- Disseminação interna e implantação do Programa de excelência;
- Processo de Certificação no Programa da Unimed do Brasil.

Manual Referencial do Programa Ouvidoria de Excelência do Sistema Unimed

A Ouvidoria Institucional da Unimed do Brasil com o apoio de suas Federações e assim deu início à divulgação e a realização de workshops para disseminar o Programa Ouvidoria de Excelência em todo o Sistema Unimed.

Para iniciar as implantações, foram selecionadas como pilotos a ouvidoria da própria Unimed do Brasil, juntamente com a ouvidoria da Central Nacional Unimed (CNU) e Seguros Unimed, com o objetivo de aprimorar o modelo a ser disseminado ao Sistema Unimed. A implantação do Programa nessas Unimeds pilotos teve início em agosto de 2017 e finalizou em outubro de 2018.

Na Unimed do Brasil, foram realizadas ações de divulgação da ouvidoria institucional, internamente e externamente para as Unimeds, já que a Confederação atua apenas institucionalmente. Foi parametrizado e disponibilizado na intranet o canal da ouvidoria institucional por meio do Sistema de Chamados da Confederação, que faz o acolhimento de manifestações do Sistema Unimed. Facilitadores da ouvidoria foram nomeados pelas áreas, e campanhas do Dia do Ouvidor foram divulgadas nas redes sociais da Unimed do Brasil. Atividades semelhantes foram executadas pelas Unimeds piloto.

Para ganhos em escala, em nível nacional, a estratégia de implantação do Programa consiste em formato bastante sólido, por ciclos de implantação, que culmina com a Certificação das Ouvidorias das Unimeds, e tem como base 39 itens, todos relacionados diretamente ao que está descrito no *Manual Referencial do Programa Ouvidoria de Excelência*.

A cada um dos 39 itens, atribui-se uma pontuação relacionada ao nível de dificuldade de execução, e os itens ficam segmentados em:

- **Necessários** (quando o item é considerado indispensável para uma ouvidoria minimamente funcional);

- **Desejáveis** (quando o item é intermediário na importância e no grau de dificuldade de implantação);

- **Excelentes** (quando o grau de dificuldade é maior e sua implementação significa a busca por uma ouvidoria diferenciada).

Esses três níveis de agrupamento se relacionam diretamente, também, com o porte das operadoras. Isso porque se entende que os itens necessários são aplicáveis até mesmo às ouvidorias de operadoras de pequeno porte, enquanto os que estão na categoria da excelência são aqueles que, em tese, as ouvidorias das operadoras de grande porte terão maior facilidade na implementação, seja pelo custo associado, seja pela estrutura necessária. No entanto, nenhum dos 39 itens é considerado inviável para qualquer que seja a ouvidoria, independentemente de porte e região.

Para cada item, há uma pontuação vinculada, que induzirá ao tipo de Certificação da Ouvidoria:

	Necessária	Desejável	Excelência	
	1 ponto por item	2 pontos por item	3 pontos por item	

Assim, as pontuações alcançáveis obedecem à tabela a seguir:

	Necessária	Desejável	Excelência	Total
Itens	18	13	8	39
Pontos	18	26	24	68

Pontuação dos itens do Programa Ouvidoria de Excelência

Conforme o nível de cumprimento, e a pontuação alcançada a partir dos 39 itens, ocorrem quatro níveis de certificação possíveis:

Certificado	Pontos
Básico	De 17 a 30
Intermediário	De 31 a 48
Avançado	De 49 a 58
Excelente	De 59 a 68

Tipos de Certificação – Programa Ouvidoria de Excelência

Na Unimed do Brasil, foi criada uma estrutura de apoio e monitoramento para implantação do Programa, sem quaisquer custos para a ouvidoria que solicitar a adesão. O modelo de implantação baseia-se principalmente em reuniões por videoconferência, visando minimizar ou até não gerar custos durante todo o processo. Contudo, identificada necessidade de visita *in loco* na ouvidoria participante do programa, essa ação pode ser demanda pela ouvidoria ou solicitada pela equipe de monitoramento da Unimed do Brasil.

Até o presente momento, o programa está no seu segundo ciclo de implantação, alcançando 77 Unimeds operadoras, que representam 27% das Ouvidorias do Sistema Unimed, que respondem por 10,7 milhões de clientes, ou seja, 59% dos beneficiários cobertos pela marca Unimed.

A partir de abril de 2019, será iniciado mais um novo ciclo de implantação, que visa agregar outras 35 ouvidorias de Unimeds operadoras ao Programa Ouvidoria de Excelência.

VICE-PRESIDENTE DA UNIMED DO BRASIL

DR. ALBERTO GUGELMIN NETO

Graduado em Medicina - Universidade Federal do Paraná (UFPR) (1990); especializado em Urologia - Hospital de Clínicas da UFPR (1990/1994). Presidente da Associação Médica Miguel Couto, Mafra/SC (1996/2000). Professor da Universidade do Contestado/SC (2005/2010). Pós-Graduado em Liderança Associativa - Universidade da Região de Joinville (2010).

Diretor Operacional da Unimed de Santa Catarina (2011/2015); presidente das Unimed Riomafra (2000/2011), Unimed Mercosul (2015/2017) e Unimed de Santa Catarina (2015/2019).

Cursos: Liderança em Saúde - Universidade de Oxford (2017) e Inovação Tecnológica - Vale do Silício e Nova York (2018).

Vice-Presidente da Unimed do Brasil (2017/2021).

BANCO VOTORANTIM

O Banco Votorantim é o sexto maior banco privado do Brasil em ativos. Conta com uma base de acionistas robusta, o Banco do Brasil, uma das maiores instituições financeiras do País, e o Grupo Votorantim – um dos maiores conglomerados privados da América Latina.

O *Jeito de Ser e de Fazer* do Banco Votorantim foi desenhado a partir dos seguintes atributos: *Protagonismo, Clientes, Resultados, Governança e Gestão de Pessoas*, que servem como base para a consolidação de um futuro sustentável à Instituição. Temos também o seguinte propósito: *Somos um Banco brasileiro que faz a diferença na vida dos clientes, gerando valor para nossos acionistas, colaboradores e sociedade.*

CASE DA OUVIDORIA

INTELIGÊNCIA ARTIFICIAL: MELHORANDO PROCESSOS, CONSTRUINDO RELAÇÕES E ENRIQUECENDO VIDAS

Com base no propósito do Banco Votorantim, o "fazer a diferença na vida dos clientes" é a arte de transformar clientes em fãs. Essa arte pode ser traduzida em engajamento, o tipo de envolvimento que o (bom) gerenciamento da marca desperta nos clientes e que representa o quanto o público gosta, recomenda e se envolve com uma empresa.

Clientes engajados multiplicam o alcance das campanhas tornando-se verdadeiros embaixadores da marca, pois se identificam com o conceito por trás do produto. Fornecer uma experiência relevante para o consumidor é fundamental nos dias de hoje. Cada vez mais, é evidente que os clientes querem receber um tratamento especial e estamos fazendo isso mudando a forma como os atendemos.

Somos todos consumidores. Assim, precisamos entender que somente as empresas que proporcionam experiências únicas sobreviverão ao cenário de transformação, que nós, no Banco Votorantim, já estamos conduzindo. Marcas e empresas que nos encantarem nos fidelizarão. Essa é a era da (incrível) experiência do cliente.

CENÁRIO

Diante de um cenário de constante evolução nas relações de consumo, atuamos em conformidade com nosso Propósito, em busca da melhor experiência para nossos clientes, identificando em cada situação uma oportunidade única de encantamento e fidelização.

Motivados por este desafio, iniciamos de forma pioneira a utilização de Inteligência Artificial (IA), que nos permite capturar de forma ágil e massificada as demandas que exigem atuação específica, permitindo que a criticidade de cada atendimento receba a devida tratativa. Assim, consequentemente, conseguimos ainda retroalimentar os processos através das oportunidades capturadas.

Observando nossos volumes de chamadas entrantes, tanto no Fone BV quanto no SAC (Serviço de Atendimento ao Cliente), concluímos que era de extrema importância saber quais são os principais sintomas que levam nossos clientes a procurar órgãos externos de atendimento ao consumidor para resolver suas demandas.

Utilizando a Inteligência Artificial, capturamos e transcrevemos dados em 100% das chamadas no canal primário. Com isso, dividimos o nível de criticidade em duas categorias:

Alto – Clientes que indicam, durante seu atendimento primário, desagrado com o processo ou com a solução apresentada, com a utilização de palavras-chave e concatenadas e que dentro do contexto confirmem nível elevado de insatisfação.

Extremo – Clientes que indicam, durante seu atendimento

primário, alto nível de estresse emocional, que profiram verbalmente ameaças sobre eventual acionamento judicial para solução de sua demanda.

Com base nos dados fornecidos pela IA, atuamos em diversas frentes visando a melhor experiência do cliente e a evolução de nossos processos e indicadores de desempenho.

Categorias de clientes propensos a ação contrária

Níveis de Criticidade no Atendimento

Insatisfação → Ameaça

DESCRIÇÃO DO CASE

Período do case: Jan/2018 – Jun/2018

Sobre os desafios e metas, estamos focados na construção da experiência dos clientes, na redução de entradas de reclamações em todas as esferas e na otimização dos processos, gerando melhor desempenho e rentabilidade para a Organização.

Também contemplam nossos desafios o mapeamento das oportunidades capturadas por uma célula de atendimento especializada e multidisciplinar, denominada *Customer Service*, a qual descreveremos a seguir, bem como o contínuo acompanhamento das ações identificadas e implantadas com base nos dados gerados pela IA.

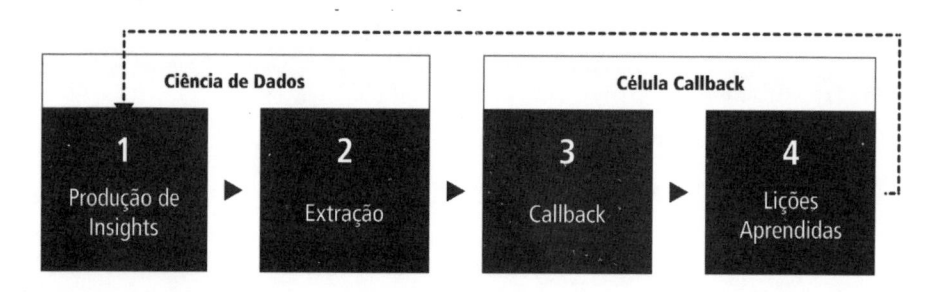

Ciência de Dados		Célula Callback	
1 Produção de Insights	2 Extração	3 Callback	4 Lições Aprendidas

ESTRATÉGIAS

A estratégia é definida de acordo com o volume de chamadas nos canais primários, tendo início na mensuração inteligente e em massa das oportunidades que nos permitam atuar de forma rápida e objetiva, em linha com as expectativas dos consumidores cada vez mais exigentes e ligados ao mundo digital.

METODOLOGIA

Dispondo de uma base robusta de informações personalizadas, estruturamos uma célula de atendimento multidisciplinar para atuação imediata às demandas capturadas pela IA no canal primário.

A equipe multidisciplinar é composta por recursos especialistas da própria Organização, portanto, absolutamente aptos a atuar em determinadas situações, sem a necessidade de desdobramentos internos entre diversas áreas para a solução necessária. Estes analistas possuem capacidade técnica e alçada para resolução de qualquer caso.

Para que tenhamos bons resultados com as melhorias mapeadas, todas as oportunidades são compartilhadas com as respectivas áreas responsáveis pelo tema.

Após avaliação em conjunto, são definidas as métricas das ações bem como seus planos e KPI's para mensurar suas efetividades.

Todos os assuntos são tratados em grupos de trabalho e, posteriormente, são reportados em fóruns específicos e alta administração, a fim de tratarmos sempre a causa-raiz de cada insatisfação identificada pela célula.

O resultado desse projeto está no índice de satisfação dos clientes e de lealdade com a marca. Atingimos uma pontuação 59 no NPS (Net Promoter Score), a poucos passos da considerada zona de excelência. Importante destacar que atuamos junto a clientes muito mais propensos a uma avaliação ruim. Dessa forma, conseguimos demonstrar não só a efetividade do trabalho, como também da capacidade de conversão da situação. Além disso, esse trabalho possibilita o aprimoramento dos processos, aumento da fidelidade dos clientes e fortalecimento da marca.

REDUÇÃO DE RECLAMAÇÕES APÓS IMPLANTAÇÃO DAS MELHORIAS

Para mensurar a efetividade das recomendações sugeridas, criamos KPI's específicos para cada plano apresentado. Esse KPI é desenvolvido através da ferramenta de IA com base em contextos apurados antes e depois das implantações.

PAINEL DE OPORTUNIDADES

As proposições de melhorias realizadas neste período foram realizadas sob o ponto de vista do cliente, se preocupando com o que vem de fora. O cliente é que determina, através de suas experiências, aquilo que é importante e o que gera valor para concepção dos produtos e serviços da empresa. A visão do cliente consiste em conhecer a instituição pelo lado de fora, com relação direta ao valor percebido, se o mesmo está ou não satisfeito.

Isso possibilita constantes mudanças nos processos, que agreguem valor a todas as nossas atividades e melhorando a eficiência operacional.

Neste período descrito no presente *case* observamos importante evolução em diversos indicadores de qualidade, redução de entrada de reclamações e melhor percepção dos clientes perante nosso atendimento.

EXCELÊNCIA EM TODOS OS SENTIDOS

A essência do Banco Votorantim está sintetizada no presente *Case*, através da busca incessante pela oferta da melhor experiência aos nossos clientes e conquista de sua confiança e fidelidade, tendo sempre em mente os resultados sustentáveis.

Desta forma, colocamos em prática nosso propósito: *Somos um Banco brasileiro que faz a diferença na vida dos clientes, gerando valor para nossos acionistas, colaboradores e sociedade.*

OUVIDOR

FABIO MAGALHÃES

Advogado, ouvidor responsável pela área de Melhoria Contínua e Experiência do Consumidor do Banco Votorantim.

Atua no relacionamento com órgãos governamentais e reguladores, imprensa e redes sociais. Trabalha há 18 anos com atendimento ao cliente. Pós-graduado em Direito Contratual pela Pontifícia Universidade Católica de São Paulo (PUC-SP), Marketing com ênfase em Negócios pela Escola Superior de Propaganda e Marketing (ESPM) e MBA em Serviços pela Fundação Getulio Vargas de São Paulo (FGV-SP).